Verbotene Liebe? – Zum Verhältnis von Wirtschaft und Politik

Herausgegeben von

Detlef Horster und Franziska Martinsen

Gedruckt mit freundlicher Unterstützung
der VolkswagenStiftung

VolkswagenStiftung

In der Reihe
Hannah-Arendt-Lectures und Hannah-Arendt-Tage,
herausgegeben von Detlef Horster,
sind bisher erschienen:

Sozialstaat und Gerechtigkeit (2005)
Das Böse neu denken (2006)
Verschwindet die politische Öffentlichkeit? (2007)
Die Krise der politischen Repräsentation (2008)
Bestandsvoraussetzungen und Sicherungen des demokratischen Staates. Das Beispiel Türkei (2009)
Welthunger durch Weltwirtschaft (2010)
Markt und Staat. Was lehrt uns die Finanzkrise? (2011)
Untergang des Abendlandes? Die Zukunft der europäischen Kultur in der Welt (2012)
Vom Hund und vom Schwanz Zum Verhältnis von Exekutive und Legislative (2013)

Verbotene Liebe?

Zum Verhältnis von Wirtschhaft und Politik

Hannah-Arendt-Lectures
und Hannah-Arendt-Tage 2013

Herausgegeben von Detlef Horster
und Franziska Martinsen

VELBRÜCK
WISSENSCHAFT

Erste Auflage 2014

www.velbrueck-wissenschaft.de
Printed in Germany
ISBN 978-3-942393-88-1

Bibliografische Information der Deutschen Nationalbibliothek
Die Deutsche Nationalbibliothek verzeichnet diese Publikation in der Deutschen Nationalbibliografie; detaillierte bibliografische Daten sind im Internet über http://dnb.ddb.de abrufbar.

Dieses Buch ist im Verlag Humanities Online (www.humanities-online.de) als E-Book erhältlich.

Inhalt

Detlef Horster und Franziska Martinsen
Vorwort

Hannah Arendt betrachtet eine engere Verbindung von Politik und Wirtschaft skeptisch. In ihrer Politischen Theorie befürwortet sie, inspiriert von der antiken Philosophie, insbesondere von Aristoteles' Denken, eine bewusste Trennung dieser beiden Bereiche – theoretisch ebenso wie praktisch. Konzeptuell unterscheidet sie die Sphäre der Wirtschaft von der Sphäre der Politik anhand des Merkmals der Freiheit. Für Arendt ist Freiheit in einem emphatischen Sinne, nämlich das freie, gemeinsame Handeln in einem öffentlichen Raum, allein in der Sphäre der Politik möglich. Den Bereich der Wirtschaft charakterisierte sie im Gegensatz dazu – und durchaus polemisch zuspitzend – als dominiert vom ›Zwang der Notwendigkeit‹, weil hier die Zwecke und Ziele menschlicher Tätigkeiten ökonomischen Gesetzmäßigkeiten unterstellt werden: Im Bereich der Wirtschaft gehe es in erster Linie um die Sicherstellung der Lebensgrundlagen. Erst auf dieser Basis, aber vor allem unabhängig von der Logik der Selbsterhaltung könne Politik sich entfalten und Freiheit verwirklichen. Aufgrund der fundamentalen Verschiedenheit ihrer jeweiligen Aufgaben und Zielsetzungen warnt Arendt vor einer Annäherung der beiden Bereiche – eine paternalistische Regulierung von Wirtschaft sei als ebenso problematisch anzusehen wie die Ökonomisierung der Politik. Vor allem letztere sieht Arendt als große Gefahr für ein freiheitliches politisches Handeln. Umso nachdrücklicher fällt ihr Plädoyer für das Auseinanderhalten der beiden Bereiche aus. In der heutigen gesellschaftlichen Realität hingegen lässt sich – lokal wie global – eine zunehmende Verflechtung von politischen und wirtschaftlichen Prozessen beobachten. Die globale Krise der Finanzmärkte, die zunehmende Verschuldung von Staatshaushalten, Lobbyismus, Korruption – dies sind wohl die prominentesten Beispiele für die Marktabhängigkeit der Politik. Sämtliche Beispiele verweisen auf ein mittlerweile hochkomplexes Gefüge von zum Teil für die gesellschaftliche Öffentlichkeit unsichtbaren Strukturen wechselseitiger Beeinflussung.

Unter dem provokanten Titel »Verbotene Liebe?« widmeten sich die Hannah-Arendt-Lectures und die Hannah-Arendt-Tage 2013 in Hannover der Reflexion über die sich umso dringlicher stellende Frage nach einem angemessenen und legitimen Verhältnis zwischen Politik und Wirtschaft in unserer heutigen Zeit. Wissenschaftlerinnen und Wissenschaftler aus den Disziplinen der Soziologie, Philosophie, Politikwissenschaft, der Volks- und der Betriebswirtschaft, der Katholischen Theologie und der Rechtswissenschaft, Politikerinnen und Politiker sowie Personen aus der Wirtschaft und der zivilgesellschaftlichen Öffentlichkeit haben sich in öffentlichen Vorträgen und im Rahmen einer Podiumsdiskussion mit der Frage nach der Beziehung zwischen Politik und Wirtschaft auseinandergesetzt. Die Beiträge zu dieser Debatte, die in dem vorliegenden Band versammelt sind, bieten kontroverse Thesen zur Problemlage, sie werfen weiterführende Fragen auf und verweisen nicht zuletzt auch auf Lösungsansätze. Im Zuge dieser Auseinandersetzung werden mitunter auch die Arendtschen Begrifflichkeiten selbst in Frage gestellt. So vermisst Birgitta Wolff an Arendts Unterscheidung zwischen politischer Freiheit und ökonomischem ›Zwang der Notwendigkeit‹ die nötige Aufgeschlossenheit für empirische Befunde. Idealistisches, rein am Gemeinwohl orientiertes Handeln fern von Eigeninteressen etwa sei in der Politik unwahrscheinlich. Andererseits sollten ökonomische Prozesse nicht vollständig verregelt werden. Wolff ist der Auffassung, dass es gerade in der Wirtschaftspolitik wichtig sei, dass staatliche Akteure nicht in alle »Spielzüge« der Wirtschaft eingreifen, sondern sich auf die Organisation der Spielregeln beschränken. In diesem Punkt stimmt Jürgen Großmann mit Birgitta Wolff überein, wenn er aus der Sicht eines Unternehmers den Standpunkt vertritt, dass die Wirtschaft durchaus ein Recht auf ökonomische Freiheit, und das heiße konkret: ein Recht darauf habe, so wenig wie möglich durch staatliche Politik beeinträchtigt zu werden – nicht zuletzt um wirtschaftlich effektiv agieren zu können. Großmanns Gedankengang geht jedoch weiter bis hin zu dem Aspekt, dass die Wirtschaft zumindest eine »Informationspflicht« gegenüber der Politik habe, damit diese entsprechende Entscheidungen über Regularien für die Wirtschaft auch verantwortungsbewusst treffen könne.

Sabine Berghahn hingegen kritisiert genau diesen Anspruch der Wirtschaft auf Unabhängigkeit von politischer Einflussnahme. Sie beschäftigt sich weniger mit der *ver*botenen als mit der *ge*botenen Liebe zwischen den beiden Bereichen Politik und Wirtschaft. Am Beispiel der Frauenquote für Aufsichtsräte zeigt Berghahn auf, dass die Zurückhaltung der Politik gegenüber einer stärkeren Regulierung privatwirtschaftlicher Strukturen zugunsten einer geschlechtergerechten Verteilung von Führungspositionen im Grunde genommen als Desinteresse an der Gleichstellung der Geschlechter in relevanten Bereichen der Gesellschaft interpretiert werden müsste. Entgegen Arendts konzeptioneller Trennung von öffentlicher Politik und eher privat orientierter Wirtschaft fordert Berghahn die Einbeziehung des vermeintlich privaten Geschlechterverhältnisses in wirtschaftspolitische Maßnahmen.

Armin Nassehi thematisiert die zunehmende Ökonomisierung gesellschaftlicher Bereiche, u. a. der Politik, als Herausforderung sowohl für staatliches Handeln als auch zunächst einmal für die wissenschaftliche Einordnung der aktuellen Dynamiken. Hierfür sei es wichtig, die mittlerweile klischeehaft gewordenen Zuschreibungen gesellschaftlicher

Phänomene wie »kapitalistisch« versus »sozialistisch«, »liberal« versus »sozialdemokratisch-interventionistisch« oder »konservativ« versus »fortschrittlich« zu überwinden und nach adäquaten Beschreibungen der differenzierten Problemlagen zu suchen. Laut Nassehi beobachten wir keine verbotene Nähe von Politik und Wirtschaft, sondern die Selbstgefährdung des Ökonomischen durch seine Optionssteigerung. Anhand einer Umdeutung der »neuen Unübersichtlichkeiten« im Verhältnis von Politik und Wirtschaft gelingt es Nassehi darzulegen, dass diese als Resultat einer Ökonomisierung der Gesellschaft keinesfalls eine Gefahr für die Politik darstellen. Vielmehr sind sie »exakt Ausdruck einer funktional differenzierten Gesellschaft«, die sich heutzutage eben als Netzwerkstruktur gestaltet.

Diese Gelassenheit in Bezug auf die Prozesse der Finanzmärkte teilen nicht alle Beiträgerinnen und Beiträger. Bernhard Emunds nimmt eine ethische Perspektive ein und kritisiert aus dieser die negativen Folgen einer verselbständigten Finanzwirtschaft. Emunds bezweifelt, dass ein zentraler Teil der finanzwirtschaftlichen Institutionen sich als »wohlstandsförderlich legitimieren« lasse. Er argumentiert, dass die Politik dort moralische Verantwortung übernehmen müsse, wo sie derzeit mit finanzpolitischen Maßnahmen der Sicherung des Bankensektors den Wohlstand der Gesamtgesellschaft in Gefahr bringt. Schließlich plädiert er für eine Neuausrichtung der Finanzwirtschaft: Regierungen sollten die gesetzliche Grundlage für die Geschäfte der Finanzinstitute nach dem sog. Trennbankenprinzip ausrichten, um den Weg zu ebnen für eine Finanzwirtschaft, die zwar durchaus von Krisen heimgesucht würde, aber nicht mehr die Gesamtwirtschaft in eine tiefere Krise reißen könnte.

In diesem Punkt kommt die Frage nach der demokratischen Kontrolle von Finanzstrukturen ins Spiel. Anke Martiny vertritt hier dezidiert die Auffassung, dass die Nähe zwischen Politik und Wirtschaft durchaus wachsam beobachtet werden müsse – und zwar nicht nur von Seiten der Berufspolitiker und -politikerinnen, sondern auch von Seiten der zivilgesellschaftlichen, außerparlamentarischen Öffentlichkeit. Hiermit wird also ein breiteres Politikverständnis angesprochen, das wiederum demjenigen von Hannah Arendt nahe kommt: Im öffentlichen Raum sollen Diskurse und Praktiken transparent und damit für alle zugänglich gemacht werden, um sie schließlich demokratischen Meinungs- und Willensbildungsprozessen zuführen zu können. Nur so können fragwürdige Engführungen zwischen Politik und Wirtschaft sowie eindeutige Korruptionsfälle angemessen kritisiert und sanktioniert werden.

Birger Priddat spricht sich ebenfalls für eine stärkere Beachtung der faktischen Abhängigkeit des Staates von wirtschaftlichen Prozessen aus. Heutzutage werde die Politik nicht mehr nur von den Wählerinnen und Wählern bewertet, sondern zudem von den (Finanz-)Märkten. Dieses

Verhältnis müsste jedoch genau umgedreht werden – Bürgerinnen und Bürger würden dann nicht mehr nur »›ihre Politik‹«, sondern auch »ihre Wirtschaft‹« wählen. Durch die Ermöglichung einer sog. »Bürgerwirtschaft« könnte das politische Handlungsfeld erheblich erweitert – und dabei auch neu strukturiert – werden. Neben den klassischen Akteuren wie den Parteien würde die Bedeutung von sog. social networks anwachsen, die nicht nur die öffentliche Diskussion in Gang halten, sondern auch eine umfassendere – direktere – demokratische Beteiligung bewirken könnten: »Das alte Wort Wirtschaftsdemokratie bekäme endlich einen Sinn«. Diese Bürgerwirtschaft könnte den Staat entlasten und gleichzeitig als Bürgergesellschaft »wieder in die eigene Hand [nehmen], was vordem an den Staat delegiert war«.

Sabine Berghahn
Wie »lieb und teuer« ist die Inklusion der Frauen?
Zur Instrumentalisierung von Geschlechterverhältnissen in Politik und Wirtschaft

Wie kommt man von der Frage nach »Verbotener Liebe« zwischen Wirtschaft und Politik zur Inklusion der Frauen in Wirtschaft und Politik? – Wohl nur über Umwege, denn prima facie gibt es keine Liebes- oder Kooperationsverbote, wenn es um die »tatsächliche Durchsetzung der Gleichberechtigung von Frauen und Männern« geht. Sie ist laut Art. 3 Abs. 2 Satz 2 Grundgesetz eine Staatszielbestimmung, verpflichtet also den Staat, d.h. hier »die Politik«; dennoch kann, und soll auch »die Wirtschaft« zur Mitwirkung herangezogen werden. Dies geschieht seit 2001 auf »freiwilliger« Basis, als der damalige Bundeskanzler Gerhard Schröder das Vorhaben eines Gleichstellungsgesetzes für die Privatwirtschaft fallen ließ.

So habe ich kurzerhand die *ver*botene Liebe in »*ge*botene Liebe« umgewandelt und frage, wie »lieb und teuer« Politik und Wirtschaft die Inklusion der Frauen ist. Welchen Stellenwert hat Geschlechterpolitik, wie wichtig werden Gleichstellung, Abbau von Diskriminierung, von Entgeltbenachteiligung und die Überwindung traditionalistischer Rollenverhältnisse genommen?

Damit sind die beiden ersten Abschnitte dieses Beitrags benannt. Zunächst soll es also darum gehen, wie die Gleichberechtigung von Frauen und Männern zum Durchsetzungspostulat geworden ist, so dass auch die Wirtschaft sich dieser normativen Anforderung offiziell kaum entziehen kann. Im zweiten Teil geht es dann darum, welche tatsächlichen Anstrengungen Politik und Wirtschaft unternommen haben und unternehmen, um die gleichberechtigte Inklusion von Frauen vor allem ins Erwerbsleben voranzubringen bzw. wie sie eben dies unterlaufen.

Ich werde dies an zwei Beispielen aufzeigen: an der Debatte um die Frauenquote für Aufsichtsräte sowie an den politischen Ansätzen zur Überwindung des männlichen Ernährermodells. Es ist leicht zu erahnen, was dabei herauskommt, nämlich die Diagnose von Abwehr, Instrumentalisierung und wenig Bereitschaft zum aktiven politischen und wirtschaftlichen Handeln. Das Stichwort »Handeln« leitet dann über zum dritten Teil, in dem ich reflektiere, was Hannah Arendt zur heutigen Debatte um die beiden Gleichstellungsthemen sagen würde. Insbesondere frage ich, ob sie noch festhalten würde an ihrer Auffassung, dass die Aspekte der Geschlechterverhältnisse, die mit der Privatsphäre und den schieren Lebensnotwendigkeiten zu tun haben, sich nicht für den politischen Diskurs handelnder Subjekte eignen.

1. Von der verbotenen Liebe zur gebotenen Liebe

Normativ betrachtet dürfte heutzutage das Ziel der Gleichstellung und Inklusion der Frauen in Politik, Wirtschaft, Wissenschaft und andere prestigeträchtige Bereiche des gesellschaftlichen Lebens und der Berufswelt nicht kontrovers sein. Politik und Wirtschaft müssten geradezu gierig danach sein, Beweise ihrer aus normativer Verpflichtung und ökonomischer Vernunft »gebotenen Liebe« vorzulegen. Denn schon angesichts der demographischen Entwicklung kann sich die deutsche Gesellschaft den Verzicht auf die Partizipation der Frauen als Hälfte der Bevölkerung und auf die weiblichen »Humanressourcen« in Wirtschaft und Erwerbsarbeit wohl nicht mehr leisten. Weder für die Demokratie noch für das ökonomische Geschehen wäre es vorteilhaft, wenn die eingefahrenen Strategien der Exklusion einfach weiterbetrieben würden. Aber dennoch verläuft die Entwicklung nicht so, wie Rationalität und Normativität es erwarten lassen. Inklusion ist das Gegenteil von Exklusion, und die dafür erforderliche Umkehr unterstellt analytisch, dass Frauen bislang noch immer eher ausgeschlossen als einbezogen sind in die wesentlichen Beteiligungs- und Entscheidungsprozesse von Politik und Wirtschaft. Das klingt etwas übertrieben, vor allem seitdem Deutschland von einer Bundeskanzlerin regiert wird, die als Person fest im Sattel sitzt und soeben wieder eine Bundestagswahl gewonnen hat.[1] Und selbst wenn Frauen nur als Minderheit im Parlament (neuerdings ca. 36 Prozent) sowie in wichtigen Politik- und Wirtschaftsetagen an die »Gläserne Decke« stoßen, so sind sie nicht etwa einflusslos, gerade in quantitativer Hinsicht nicht. Sie sind als potenzielle Wählerinnen sogar zahlreicher als Männer und als solche von großer Wichtigkeit für die politische Mehrheits- und Regierungsbildung; und selbstverständlich sind sie auch Wirtschaftssubjekte.

Beteiligt sind sie also durchaus an Politik und Wirtschaft, jedoch eben nicht gleichermaßen reputations- und ertragsträchtig wie Männer, d.h. sie sind, was Repräsentation und Partizipation angeht, noch immer nicht »gleichgestellt« mit Männern. Erkennbar wird dies an den ungleichen Teilhabedimensionen wie Berufspositionen, Entgelt- oder Rentenhöhe, Bedingungen für die Sicherung der eigenen Existenz sowie allgemeiner an den selbstbestimmten Gestaltungsmöglichkeiten des eigenen Lebens.

1 Die Überarbeitung des Vortrags, gehalten im April 2013, wurde Mitte Oktober 2013 abgeschlossen.

In den Anfangszeiten der Bundesrepublik Deutschland spielte sich »Gleich-Berechtigung« – obwohl in einer frauenpolitischen Sternstunde als umfassender Maßstab für alle Lebensbereiche durchgesetzt – dennoch fast nur auf der Ebene des formalen Rechts ab, selten in der Wirklichkeit (Böttger 1990). Die gesellschaftlich gängige Assoziation zum Thema Geschlechterverhältnis war in den Anfängen die einer grundsätzlichen Verschiedenheit von Männern und Frauen, nicht nur in Bezug auf Fortpflanzung und Körperlichkeit, sondern auch in Bezug auf »das Wesen« von Frauen und Männern; demnach galten gerade die sogenannten sozial-funktionalen Unterschiede zwischen Frauen und Männern als wichtig und systemrelevant für die Gesellschaft, deren Funktionieren und für deren erhoffte »Wiedergesundung« nach der Katastrophe des Nationalsozialismus und des verlorenen Krieges.

Normative Festlegungen, die zählen

Selbst das Bundesverfassungsgericht, das gerade in der Anfangszeit wichtige Pflöcke zugunsten der Gleichberechtigung von Frauen einschlug, bestätigte noch jahrzehntelang, dass gesetzliche Ausnahmen von der rechtlichen Gleichbehandlung nicht nur durch biologische Unterschiede, sondern auch durch »sozial-funktionale« Differenzen begründet werden könnten (Sacksofsky 1991, 1996). Viele Beispiele für ungleiche Rechtsregelungen waren Aspekte der geschlechtsspezifischen Arbeitsteilung: Verpflichtende Leitbilder waren der Mann als Verdiener, die Frau als Hausfrau und Mutter. Es existierten allerlei Arbeitsverbote für Frauen, angeblich zu deren Schutz, tatsächlich aber auch als Vermeidung von sogenannter Schmutzkonkurrenz im Kampf gewerkschaftlich organisierter Männer um höhere Löhne und begehrte Zulagen (Hausen 1997); das Gesetz gewährte ein früheres Renteneintrittsalter als Kompensation für weibliche Doppelbelastung, aber auch damit verrentete Ehemänner ihr Mittagessen nicht selbst würden machen müssen. Diese rechtlichen Ausnahmen von der Gleichbehandlung hatten ihren Sinn und Ursprung im Leitbild der Hausfrauenehe und im Konzept des männlichen Ernährermodells, das u. a. auf diese Weise reproduziert wurde (Berghahn/Wersig 2013 Kap. 2; Berghahn 2004).

Verfassungsrechtlich hat das Bundesverfassungsgericht mit der Zulassung der sozial-funktionalen Ausnahme von der Gleichbehandlung erst 1992 endgültig Schluss gemacht in der Entscheidung zum Nachtarbeitsverbot für Arbeiterinnen, welches als gleichberechtigungswidrig aufgehoben wurde.[2] Seither werden die »sozial-funktionalen Unterschiede« als Hindernisse auf dem Weg zur Verwirklichung von individueller Gleichberechtigung entlarvt, weil diese normativen Typisierungen die

2 BVerfGE 85, 191-214 (Nachtarbeitsbeschluss).

geschlechtsspezifische Arbeitsteilung und damit die Chancen- und Ergebnisungleichheit zu Lasten von Frauen nur verfestigten.

Wörtlich heißt es im Nachtarbeitsbeschluss: »Der Satz ›Männer und Frauen sind gleichberechtigt‹ will nicht nur Rechtsnormen beseitigen, sondern für die Zukunft die Gleichberechtigung der Geschlechter durchsetzen.« Das Gericht betonte, dass faktische »Nachteile, die typischerweise Frauen treffen«, »durch begünstigende Regelungen ausgeglichen werden« dürften (BVerfGE 85, 191-214, 207f.). Das war eine Aufforderung an die Politik, wenn nötig auch sogenannte positive Maßnahmen wie etwa die Quote einzusetzen.

Normativ bereitete diese Verfassungsgerichtsentscheidung auch den Boden für die 1994 in Kraft getretene Erweiterung des Artikels 3 Abs. 2 GG um das schon erwähnte Staatsziel der »tatsächlichen Durchsetzung der Gleichberechtigung« und der »Beseitigung bestehender Nachteile«. Lange gerungen wurde um Formulierungen, um die Intensität der staatlichen Verantwortung für den Wandel, d.h. die Veränderung von egalitätswidrigen Strukturen; man einigte sich dann im Wege eines Kompromisses auf die etwas vagen Formulierungen »Förderung« und »Hinwirken« (Rudolph 1996, Limbach/Eckertz-Höfer 1993). Zwar sind seitdem alle drei staatlichen Gewalten auf diese Ziele verpflichtet, jedoch bleibt es natürlich auch eine gesellschaftliche Aufgabe, also eine Obliegenheit der Betroffenen und eine Aufgabe ihrer Umwelten, die Wende zur Realisierung gleicher Lebenschancen zu vollziehen. Wie viel strukturelle Unterstützung durch den Staat, durch die Wirtschaft und wie viel Eigenverantwortung durch die Individuen zu leisten ist, muss politisch bestimmt werden.

Wie kommt man von A nach B?

Das Problem des Staatsziels ist allerdings die Frage: Wie kommt man von A nach B, d.h. von überkommenen Einstellungen, veralteten Strukturen und Regulierungen, von alten Erwartungen und Gewohnheiten zu neuen Zuständen, die dem allseits zustimmungsfähigen Ziel individueller Gleichheit der Chancen und Ergebnisse besser entsprechen? Politik und Gesellschaft entwickeln sich fast immer »pfadabhängig«, d.h. das einst Festgelegte und institutionell Verfestigte, das Gewohnte und in der Regel Wertgeschätzte wird weiterverfolgt, es sei denn, dass es aus internen oder externen Gründen in deutlicher Weise nicht mehr als funktional oder legitim angesehen wird. Aber Menschen sind sich – vor allem in so großer Ansammlung wie in einer Gesellschaft – nicht einmal darüber einig, was als bewährt oder dysfunktional oder ungerecht zu bewerten ist. Und selbst dann, wenn Zustände und Entwicklungen überwiegend als problematisch erkannt werden, bleibt umstritten, was an die Stelle treten sollte. Das ist ein Grunddilemma von Politik und erst recht von einer Transformationspolitik der Geschlechterverhältnisse.

Die Politik der etablierten Parteien, insbesondere die offizielle Regierungspolitik, kann natürlich nicht einfach den egalitären und durchsetzungsbezogenen Impetus des verfassungsrechtlichen Staatsziel ignorieren. Vielmehr werden sich die staatstragenden Akteure in der Regel programmatisch dazu bekennen: SPD, Grüne und Linke eher als CDU/CSU und diese noch eher als die FDP. Auf die letztere kommt es nun in der Bundespolitik nicht mehr an, in der vergangenen Legislaturperiode hatte sie jedoch eine Schlüsselstellung in vielen Fragen der Geschlechter- und Gesellschaftspolitik. Auf der Webseite des Bundesministeriums für Familie, Senioren, Frauen und Jugend (BMFSFJ) war in der vergangenen 17. Regierungsperiode unter der Überschrift »Nationale Gleichstellungspolitik« Folgendes zu lesen:

> *»Gleichstellungspolitik ist eines der zentralen gesellschaftspolitischen Handlungsfelder in Deutschland. Die demografische und wirtschaftspolitische Entwicklung des Landes sowie der Zusammenhang der Gesellschaft hängen auch davon ab, ob die Ursachen für die noch immer ungleich verteilten Chancen und Risiken zwischen Frauen und Männern behandelt werden. Die Gleichstellungspolitik ist damit in der Mitte der Gesellschaft angekommen.«*[3]

Zum einen gab sich die konservativ-liberale Regierungslinie hier problembewusst, gestand Ungleichheiten zwischen Frauen und Männern zu und gelobte Besserung, indem Ursachen für die Ungleichheiten »behandelt« werden sollten. Wer hier die Ursachen »behandelt«, blieb offen. Politisch war vielleicht gemeint, dass von Regierung und Parlament angestoßene Reformen an diesen Ursachen der Ungleichheit etwas ändern sollten; gesellschaftlich könnte die Wirtschaft angesprochen gewesen sein, aber sicherlich waren auch die Gesellschaftsmitglieder gemeint, also wir alle, denn in konservativ-liberalen Zusammenhängen wird immer in erster Linie die Eigenverantwortung der Einzelnen herangezogen. Zum anderen wurde beschworen, wie wichtig die Geschlechterverhältnisse für die demografische und wirtschaftspolitische Entwicklung Deutschlands und sogar für den gesellschaftlichen Zusammenhalt sind; es handelt sich also nicht um ein Partikularinteresse, es ist keine zu vernachlässigende Frage, nein, es geht ums Ganze. Aber die Aussage beinhaltet typischerweise auch eine starke Instrumentalisierung im Sinne von Demographie und wirtschaftlichem Wachstum. Um dies demokratisch zu untermauern, wurde die Bezugnahme auf die »Mitte der Gesellschaft« projiziert. In der Mitte, die nahezu alle Parteien repräsentieren möchten, ist Einverständnis zu vermuten mit der Gleichstellung unter den Prämissen

3 http://www.bmfsfj.de/BMFSFJ/gleichstellung,did=88068.html, 30.3.2013.

des gesellschaftlichen und wirtschaftlichen Allgemeinwohls. Immerhin, es war und ist ein unzweideutiges Bekenntnis zur Gleichstellung der Geschlechter. Es lautete sogar: Es gibt in Politik und Gesellschaft kaum etwas Zentraleres als Gleichstellungspolitik.

War und ist Gleichstellung tatsächlich so zentral wie offiziell proklamiert?

Das Beispiel aus der abgelaufenen Legislaturperiode mag heute, wenige Wochen nach der Bundestagswahl, wie »Schnee von gestern« wirken, denn gerade wird in Sondierungsgesprächen der CDU/CSU mit beiden Alternativkoalitionspartnern SPD und Bündnis 90/Die Grünen schon über neue Tendenzformeln für die Gesellschafts- und Geschlechterpolitik – als ein Bereich unter vielen – verhandelt. Während unter Schwarz-Gelb die Geschlechterverhältnisse – siehe das obige Zitat – nicht allein aus Gerechtigkeitsgründen zurechtgerückt werden sollten, sondern vor allem im Sinne von Geburtenförderung und Wirtschaftswachstum, dürfte in einer künftigen schwarz-roten oder schwarz-grünen Koalition der Hauptakzent durchaus auf der Gerechtigkeit im Geschlechterverhältnis liegen. Das heißt aber nicht, dass der komplementäre Teil, d.h. die Bekämpfung von Fachkräftemangel und Geburtenflaute nicht auch im perspektivischen Fokus der Politik stünde. Für die Wirtschaft müsste das politische Signal so oder so als Aufforderung gedeutet werden, zur Effektivität, zur Wirksamkeit der Anstrengungen beizutragen. Die Wirtschaft müsste auf diese Weise einen großen Anreiz verspüren bzw. schon lange verspürt haben, »freiwillig« ihren Part zur Gleichstellung von Frauen als Fach- und Arbeitskräfte und zur Ermöglichung von Vereinbarkeit von Erwerbsarbeit und Familie – nicht nur für Väter, sondern auch für Mütter – zu leisten. Wie aber steht es tatsächlich um die Verfolgung der Geschlechtergleichstellung?

2. Was unternehmen Politik und Wirtschaft zugunsten der Gleichstellung von Frauen tatsächlich? – Zwei Beispiele

Die Frauenquote für Aufsichtsräte

Die Debatte um die Frauenquote für Aufsichtsräte börsennotierter Unternehmen mutet seltsam an, da die Quote frauenpolitisch einen hohen Symbolwert hat, aber so gut wie nichts an den benachteiligten Situationen der breiten Masse von Frauen im Erwerbsleben ändern würde. Entsprechend harmlos müsste sie eigentlich für die Unternehmen, zumal die Großunternehmen sein, die politisch und medial den Ton angeben. Weder Kosten noch Markteinbußen drohen hier, wenn Unternehmen verpflichtet würden, deutlich mehr Frauen in die Aufsichtsräte von größeren Kapitalgesellschaften zu wählen. Die feministische Sozialphilosophin Nancy Fraser unterscheidet zwischen den Forderungsdimensionen »Anerkennung« und »Umverteilung« und hält beides für notwendig (Fraser/Honneth 2003). Zudem setzt sie die Forderung nach gleicher »Repräsentation« hinzu oder voraus. Im Lichte dieser Kategorien ist die Quote für Aufsichtsräte in erster Linie eine Anerkennungsforderung, nämlich der Tüchtigkeit, Qualifikation und sozusagen »Ebenbürtigkeit« von Frauen mit Männern auch in diesem ökonomischen »Hochpreissegment«. Zudem ist es notwendigerweise eine Forderung nach besserer bis gleichrangiger Repräsentation von Frauen in den wichtigen Überwachungs- und Leitungsgremien.

Nach dem Women-on-Board-Index der Initiative FidAR (Frauen in die Aufsichtsräte e.V.) betrug der Frauenanteil in Aufsichtsräten 2013 insgesamt 16,21 Prozent, in Vorständen dagegen nur knapp 6 Prozent (Stichtag: 31.3.13). Erfasst sind Aufsichtsräte und Vorstände in den 160 DAX-, MDAX-, SDAX- und TecDAX-notierten Unternehmen. Noch immer gibt es bei 24 Prozent dieser Unternehmen völlig frauenfreie Führungsetagen (FidAR 2013). Die prozentuale Steigerung innerhalb von zwölf Jahren seit der Selbstverpflichtung von 2001 und von vier Jahren nach der Aufnahme der Frauen- und Diversity-Forderung[4] (für die Zusammensetzung der Aufsichtsräte) in den Deutschen Corporate Governance Kodex (DCGK)[5] wird als mager und unzureichend eingeschätzt. Eine feste Quote könnte hier eine etwas schnellere und größere Steigerung herbeiführen, die Zielmarge beträgt je nach Vorschlag 30, 40 oder 50 Prozent, würde aber keine spürbare reale Umverteilung in der gesamten Wirtschaft oder wenigstens bei den Großunternehmen nach sich ziehen, denn es handelt sich um eine recht kleine Gruppe von potenziell betroffenen weiblichen Führungskräften.

4 »Der Aufsichtsrat soll für seine Zusammensetzung konkrete Ziele benennen, die unter Beachtung der unternehmensspezifischen Situation die internationale Tätigkeit des Unternehmens, potentielle Interessenskonflikte, eine festzulegende Altersgrenze für Aufsichtsratsmitglieder und Vielfalt (Diversity) berücksichtigen. Diese konkreten Ziele sollen insbesondere eine angemessene Beteiligung von Frauen vorsehen.«

5 Der Gesetzgeber hat den im Kodex niedergelegten Prinzipien über eine reine Signalwirkung hinaus Nachdruck verliehen: gemäß § 161 AktG müssen Vorstand und Aufsichtsrat einer jeden börsennotierten Gesellschaft jährlich eine Erklärung abgeben, dass den Empfehlungen des Kodex entsprochen wurde und wird oder welche Empfehlungen nicht angewendet wurden oder werden (sog. Entsprechenserklärung).

Warum hat es die Quotenforderung für Aufsichtsräte (bestimmter Unternehmen) trotzdem geschafft, insbesondere durch die Medien, so viel Aufmerksamkeit und Zuspruch zu erlangen, wo es doch geschlechterpolitisch schlimmere Ungleichheiten und Missstände, z. B. beim Entgelt, gibt? Unter anderem deshalb, weil es in der letzten Regierungsperiode politisch mehrfach zum spektakulären Konflikt und zu einem parlamentarischen Showdown gekommen ist. Bereits im Frühjahr 2011 stritten sich öffentlich die CDU-Ministerinnen Kristina Schröder und Ursula von der Leyen über die Quote, im Dezember 2011 gingen dann Parteifrauen aller Fraktionen und Prominente aus Wirtschaft, Kultur und Medien mit einem Manifest zugunsten einer verbindlichen Frauenquote für Aufsichtsräte an die Öffentlichkeit (»Berliner Erklärung«[6]) (vgl. Berghahn 2012), und dann lief die Entwicklung auch im Bundestagsplenum auf eine Konfrontation zu. Abweichlerinnen pro Quote in der CDU und CSU wollten notfalls mit den Oppositionsparteien für ein verbindliches Quotengesetz stimmen, die Abstimmung war auf den 18. April 2013 terminiert. Wenige Tage zuvor kam es zu einem Kompromiss- und Befriedungsvorschlag, den Ursula von der Leyen bei den Unionsspitzen durchgedrückt hat (Aufnahme der Quote ins Parteiprogramm, ab 2020 dann verbindliche Quote von 30 Prozent). Am Ende ließen sich die Abweichlerinnen dann doch noch in die Fraktionsdisziplin von Union und FDP einbinden. Der Bundesratsentwurf und die anderen Gesetzentwürfe »pro Quote« wurden mehrheitlich abgelehnt.

Warum entzündete sich bei einem »nur« symbolischen Gegenstand so viel geschlechterpolitischer Sprengstoff? Vielleicht weil hier – völlig systemkonform – die neoliberale Leistungs- und Aufstiegsideologie beim Wort genommen wurde, weil sich hier angesichts der homöopathischen Steigerungsraten des Frauenanteils in den Aufsichtsräten und Vorständen von Kapitalgesellschaften die freiwillige Selbstverpflichtung zur Gleichstellung von Frauen von selbst als Lüge entlarvt hat. Qualifizierte und ehrgeizige Frauen in der Wirtschaft, in der Wissenschaft und in sonstigen reputationsträchtigen Bereichen des Erwerbslebens mussten sich lange mit der Behauptung abschmettern lassen, es gäbe ja keine wirklich gleich guten und einsatzfreudigen weiblichen Bewerber für herausgehobene Berufs- und Leitungspositionen. Nicht wenige hoch qualifizierte Frauen aller Berufsbereiche haben in den letzten Jahrzehnten zunehmend die Erfahrung gemacht, dass sie noch so viel arbeiten und leisten können, aber dennoch – wie im Hamsterrad – nicht weiterkommen. Sie werden als nicht ehrgeizig oder durchsetzungsfähig genug oder sonst irgendwie nicht dem männlichen Standard entsprechend zurückgewiesen, ohne überhaupt eine Chance zu bekommen. Das kränkte das Ego dieser Frauenelite in Wirtschaft, Wissenschaft,

6 Abrufbar unter http://www.berlinererklaerung.de/16. 10. 13.

Politik und Medien, kollektiv und individuell und erreichte Solidarität unter Frauen gerade in öffentlichen Sphären.

Die Debatte enthält allerdings vielerlei Instrumentalisierungen, die den Politikstil kennzeichnen. Die Abwehr einer verbindlichen Quote funktioniert von der Seite der Wirtschaft her meist mit klassischen Defizitbehauptungen gegenüber Frauen. So sagte Manfred Gentz, Aufsichtsratsvorsitzender der Deutschen Börse AG und Vertreter der Regierungskommission Deutscher Corporate Governance Kodex, im Februar 2011 laut FAZ: »Die deutsche Wirtschaft fürchtet schlechtere Aufsichtsräte, wenn auf absehbare Zeit eine gesetzliche Frauenquote eingeführt würde«.[7]

Ein zweiter beliebter Verweis ist ebenfalls ein »Klassiker«: Frauen seien wegen mangelnder Vereinbarkeit ihrer Arbeit und Berufsfunktion mit ihren Familienpflichten weniger einsatzfreudig und belastbar, besonders in sehr zeitintensiven und stressigen Leitungspositionen. Dieses Argument wird stets genannt, so auch hier. Dabei ist es bei echten Spitzenposten besonders fehl am Platze, denn die in Frage kommenden Frauen sind in der Regel jenseits der 40 oder 50 und betreuen keine Kleinkinder mehr, ganz abgesehen davon, ob sie überhaupt Kinder haben (siehe aber Rechtsausschuss 2013).

Neben negativen Instrumentalisierungen gibt es aber auch positive: Dass Frauen nämlich »anders« und sogar »besser führen« und daher den Unternehmen und der allgemeinen Wirtschaftslage Vorteile bringen könnten, wenn man sie nur ließe. Die gemäßigte Version dieser Behauptung zielt darauf, dass Unternehmen mit geschlechtlich gemischten Führungsteams und Spitzengremien bessere wirtschaftliche Ergebnisse hervorbringen (z.B. Carter/Lorsch 2004; Hillman/Shropshire/Cannella 2007; kritisch: Boerner/Keding/Hüttermann 2012). Ob das generell gilt, ist jedoch fraglich, denn schon die Definition von »wirtschaftlichem Erfolg für das Unternehmen«, ist schwer einheitlich zu leisten, und noch schwieriger scheint es, verlässliche Aussagen über Kausalitätsbeziehungen zwischen dem geschlechtlichen Mischungsgrad und bestimmten wirtschaftlichen Ergebnissen generell zu treffen.

Solche Instrumentalisierungen des Geschlechts für den Wirtschaftsprozess erscheinen mir unnötig und sprechen eher dafür, dass wir bereits stark an neoliberale ökonomistische Argumentationen gewöhnt sind und ohne sie kaum noch auskommen. Und dies, obwohl es um eine schlichte normative Gleichstellungsforderung in Bezug auf die Hälfte der Menschheit geht, wo Legitimität das geringste Problem ist. An den subjektiven Voraussetzungen bei Frauen fehlt es jedenfalls nicht. In nahezu alle Männerdomänen sind Frauen mittlerweile eingedrun-

7 FAZ vom 18.02.2011 unter der Überschrift: »Diskriminierung von Männern beklagt«.

gen, stellen zum Teil die Mehrheit der Studierenden und Absolventen, erzielen die besseren Noten und sind entsprechend fähig und bereit, das Erlernte auch praktisch anzuwenden – ganz im Sinne der Schließung der Fachkräftelücke. Dies alles ist auch bei Consultingfirmen, Headhuntern und anderen Eingeweihten des gehobenen Personalrekrutierungssegments bekannt, mit Namen und Anschriften. Nicht zuletzt hat die Initiative »FidAR« (Frauen in die Aufsichtsräte) Dax-Unternehmen eine lange Liste mit Namen solcher Kandidatinnen überreicht.[8] Natürlich kann nicht bei jeder geschlechtsasymmetrischen Repräsentation eine gesetzliche Quote verhängt werden; jedoch handelt es sich bei den Aufsichtsräten bestimmter börsennotierter Unternehmen um einen Bereich, in dem unverbindliche Absichtserklärungen in Freiwilligkeit allzu lange praktiziert wurden. Wenn – wie in diesem Fall – über so lange Zeit trotz Selbstverpflichtung nichts Wesentliches vorankommt, erscheint ein gesetzgeberisches »Nachsetzen« mit verbindlichen Regelungen nur allzu gerechtfertigt.

Die Befürworterinnen und Befürworter der Quote sehen in der Verweigerungshaltung führender Unternehmenskreise schlicht und einfach eine diskriminierende »Homosozialität« am Werke, d.h. man möchte unter sich bleiben, nur mit seinesgleichen umgehen, mit Menschen, an die man vom Typus her gewöhnt ist. Ohnehin haben Elitenforscher wie Michael Hartmann (Hartmann 2004) festgestellt, dass es in der Wirtschaft noch mehr als in der Wissenschaft und deutlich mehr als in der Politik eine soziale Schließung bei der Rekrutierung des Nachwuchses gibt, d.h. die Nachfolger der Führungskräfte stammen aus denselben gehobenen Kreisen aus denen schon die Vorgänger stammten. Folglich sind die Nachfolger den Vorgängern ähnlich, in mancherlei Hinsicht und nicht zuletzt auch im Hinblick auf das Geschlecht. Darüber hinaus wird im Vorfeld der Wahlen zum Aufsichtsrat oft das Argument vorgebracht, die zu wählende Person müsse Erfahrungen aus mindestens einem Vorstand mitbringen und Frauen hätten nun mal weniger Vorstandserfahrung. Dabei täte es einem Aufsichtsrat jedoch nicht gut, wenn alle Räte ehemalige Vorständler wären, vielmehr kommt es nach entsprechenden Untersuchungen (z.B. Leube 2012; Werder/Wieczorek 2007, Überblick bei Reichel 2013) darauf an, den Aufsichtsrat mit unabhängigen Menschen zu besetzen, die möglichst vielfältig erfahren und für unterschiedliche Funktionen qualifiziert sind, damit sich diese Einzelnen arbeitsteilig auf unterschiedliche Überwachungsaufgaben konzentrieren können.

Tatsächlich aber – und das ist ein offenes Geheimnis – werden die in der Regel gut bezahlten Posten im Aufsichtsrat häufig als Belohnung oder Versorgung im Wege der Protektion innerhalb von Manager- und

8 Aussage von Juliane Freifrau von Friesen, FidAR.

Politikernetzwerken vergeben. Qualifikation im formal akademischen oder berufspraktischen Sinne spielt eine geringere Rolle, und auch sonst ist es eher das unspezifische Insiderwissen führender Managerkreise und die Bewährung in dem Sinne, dass das Umfeld den »Mann kennt und einschätzen kann«. Frauen dagegen sind in solchen Netzwerken kaum vertreten und wenn, dann gelten sie als Exotinnen und man kann sie schwerer einschätzen. Es ist also das alte soziologische Spiel zwischen den Alteingesessenen und den Newcomern (Elias/Scotson 1990), nur dass Frauen ja nicht gänzlich Fremde sind, vielmehr machen sie Männern gerade in deren dominanter sozialer Rolle Konkurrenz und destabilisieren u. U. das männliche Führungsprivileg.

Kommen wir zurück zur politischen Ebene: Dort wurde das Quotenthema unter der schwarz-gelben Koalition im Bund natürlich auch als Parteiendrama und als scheinbarer Sachzwang der Koalitionsdisziplin inszeniert. Die Entwicklungen im April 2013 wurden medial zum Teil als »Erpressung« – ausgeführt durch die Anhängerinnen einer verbindlichen Quote, insbesondere ihre Wortführerin von der Leyen – interpretiert.[9] Dabei sollte man sich aber den Ablauf der Ereignisse und der konstruierten Zwangssituationen vor Augen halten: Weil die FDP als Wirtschaftslobbypartei kategorisch gegen die Frauenquote eingestellt war, propagierte die CDU-Ministerin Kristina Schröder von Anfang an und in Ausübung von starrer Koalitionstreue eine »Flexi-Quote«. Demnach sollten Unternehmen ihre Steigerungsraten des Frauenanteils weiter selbst bestimmen, erst wenn sich nichts rührt, sollten Sanktionen greifen. Dieses Konzept war quasi ein »Pudding an der Wand«, weshalb es nicht einmal zu einer Gesetzesvorlage der Regierung gekommen war. Dagegen hatten die Oppositionsparteien im Bundestag mehrere Vorlagen eingebracht und über den Bundesratsentwurf[10] Druck ausgeübt.

Unionsfrauen, die eine verbindliche Quote anstrebten, haben demgegenüber ihr Glück in einer überparteilichen Initiative versucht. Sie forderten von der Fraktionsführung vergeblich die Aufhebung des Fraktionszwangs, der ja kein absoluter Zwang ist. Es wurde ihnen entge-

9 Kommentar von Robert Birnbaum »Gelungene Erpressung« in: Der Tagesspiegel vom 16. 4. 2013.

10 Der Bundesratsentwurf geht auf einen Antrag Hamburgs zurück, der zwar sehr moderat ist, aber deshalb als mildester Eingriff ein Lockangebot für die AbweichlerInnen in den Unionsfraktionen darstellen sollte. Ursprünglich vorgesehen zwei Stufen: bis 2018 20 Prozent, bis 2023 40 Prozent, steuerliche Sanktionen bei Nichteinhaltung, aber Härtefallklausel bei ernsthaftem, aber erfolglosem Bemühen. In letzter Minute gab es noch Veränderungen, die eine Annäherung an den CDU-internen Kompromiss deutlich machen sollten, um eine Mehrheit im Bundestag am 18. 4. 2013 zu erreichen. Dies blieb aber erfolglos.

gengehalten, dass die Frauenquote keine Gewissensfrage sei, nur eine solche könne zur Aufhebung der Fraktionsdisziplin führen. Die Unionsspitzen bauten weiter auf einen Stillhalte-Kuhhandel mit der FDP, damit die Koalition nicht kurz vor Toresschluss, d.h. vor den Wahlen im Herbst 2013, noch auseinanderbrechen würde. Als solches wäre ein Mehrheitsbeschluss pro Quote im Bundestag aufgefasst worden, denn die FDP[11] hatte damit gedroht, in diesem Fall sogleich die Gleichstellung der gleichgeschlechtlichen Lebenspartnerschaften beim Ehegattensplitting durchzuboxen, was bei aufgehobener oder missachteter Fraktionsdisziplin genauso wahrscheinlich eine Mehrheit gefunden hätte. So aber wurde der Eklat in den Tagen vor dem 18. April 2013 gerade noch abgewendet. Sichtbar wird jedenfalls ein von Instrumentalisierung und politischem Kuhhandel geprägter Politikstil, wobei der Vorwurf der Erpressung im Prinzip wechselseitig erhoben werden kann, tatsächlich aber eher gegen diejenigen gerichtet wird, die unerwartet und aus der Position der Schwäche manchmal die Gunst der Stunde nutzen können. Gleichstellungspolitisch zeigt sich, dass die Vermeidung von pro-aktiven Maßnahmen zur Gleichstellung von Frauen in der Regierungspolitik wahrscheinlicher ist als ein aktives zielgerichtetes Tun.

Da Politik und Wirtschaft in Deutschland im Wesentlichen den Status Quo personeller und programmatischer Machtverhältnisse – eher im Sinne Max Webers als im Sinne Hannah Arendts – verkörpern, unternehmen sie in der Regel nichts Aktives zur Gleichstellung, nicht einmal zur symbolischen Anerkennung der Gleichrangigkeit und Ebenbürtigkeit einer – sogar sehr systemkonformen – Frauenelite. Erkennbar wird auch die Kumpanei der schwarz-gelben Regierung mit den Spitzen der Wirtschaft, wobei man sich fragt, warum von Seiten der Union trotz der Versäumnisse der Großunternehmen in der relativ langen Ära der reinen Freiwilligkeit noch so viel Rücksicht auf die Wirtschaft und ihre Interessenpartei FDP genommen wurde. Das sind politologisch gesprochen »kontingente« Vorgänge, d.h. sie könnten auch anders laufen. Heute, einige Wochen nach der Bundestagswahl und dem Abtreten der FDP als Alibi für den gleichstellungspolitischen Stillstand in der Quotenfrage und in anderen wirtschaftsbezogenen Geschlechterfragen (z.B. Entgeltgleichheit), dürfen wir gespannt sein, was in den nächsten vier Jahren geschieht – oder auch wieder nicht geschieht! Festzuhalten ist also, dass die Entwicklungen in der Gleichstellungspolitik, obwohl diese doch angeblich so zentral ist, sehr zäh und langsam ablaufen. All dies erscheint typisch für die Geringschätzung des geschlechterpolitischen Anliegens im Gesamtzusammenhang von Politik und Wirtschaft. Angeblich lebt die Politik ja von der Fähigkeit zum Kompromiss und zu pragmatischem Handeln, in der Wirtschaft geht es vordergründig um

11 Bericht in: Der Tagesspiegel v. 5.4.2013, S.4.

erfolgreiche Bilanzzahlen und Wachstum. Tatsächlich spielen aber noch ganz andere, vor allem sehr partikulare machtbezogene Interessen der Akteure eine Rolle. Jedenfalls scheinen es bislang weder die Spitzen der Politik noch der Wirtschaft nötig zu haben, der eigenen Proklamation der zentralen Bedeutung von Gleichstellungspolitik gerecht zu werden.

Nunmehr soll als zweites Beispiel die Problematik des männlichen Ernährermodells angeführt werden, denn im Gegensatz zur Frauenquote für Aufsichtsräte handelt es sich hier um einen Themenkomplex, bei dem es um Umverteilungsforderungen geht, also gerade nicht allein um symbolische Aspekte, sondern sehr materielle Fragen der Gleichstellung.

Die Überwindung des männlichen Ernährermodells

Deutschland steht im Vergleich zu anderen entwickelten Staaten in Europa schlecht da, was die Inklusion von Frauen ins Erwerbsleben und die Teilhabe an Erwerbseinkommen und sozialer Absicherung angeht. Der Gender Pay Gap, die Lohnlücke, beträgt seit Jahren so um die 22-23 Prozent (Sachverständigenkommission 2011, S. 117), damit ist Deutschland nahezu Schlusslicht in Europa. Dabei ist bei der Lohnlücke ein Anteil von Diskriminierung mit im Spiel, der nicht mit Faktoren wie Qualifikation, Position, Berufserfahrung oder ähnlichem erklärt werden kann. Der Anteil wird auf ein Drittel bis die Hälfte der Prozentpunkte geschätzt. Der Gender Pay Gap betrifft den Unterschied zwischen den *Brutto*stundenverdiensten von Männern und Frauen. Zieht man die Teilzeitquoten von Frauen in typischen Frauenpositionen in Betracht und nimmt man noch die steuerliche Einstufung hinzu, d. h. das Ehegattensplitting und die Lohnsteuerklassen, so weitet sich die Entgeltdiskrepanz im *Netto*bereich der Erwerbseinkommen noch mehr aus. Besonders plastisch zeigt der Vergleich in Europa, worauf die Unterschiede zurückzuführen sind, wenn man nämlich die Vollzeitäquivalenzquoten bestimmter Länder nebeneinander stellt. Die weibliche Vollzeitäquivalenzquote ist das Maß des Arbeitsvolumens der Frauen, es wird die Arbeitszeit aller Arbeitsverhältnisse von Frauen (oder von Männern) zusammengerechnet und durch die landestypische Vollzeitarbeitszeit geteilt.

Die Pro-Kopf-Erwerbstätigenquote der Frauen lag in Deutschland 2009 bei 66,2 Prozent, was zunächst nach einer guten Position im europäischen Ranking aussieht. Jedoch hatte Deutschland in Vollzeitäquivalenten lediglich eine weibliche Erwerbstätigenquote von 50,7 Prozent, das sind fast 16 Prozent weniger. Der Gender-Gap zwischen dem Arbeitsvolumen von Männern und Frauen betrug sagenhafte 21,5 Prozentpunkte. Das ist auch in Europa beträchtlich, nur die Niederlande liegen noch darüber, vor allem hat sich der Gap über die Jahre nicht verringert. Während die allgemeine weibliche Erwerbstätigenquote in den letzten 15-20 Jahren durchaus stark gestiegen ist, trifft dies für die Vollzeitäquivalenzquote viel weniger zu. Schweden und Finnland haben dagegen seit langer Zeit deutlich höhere Vollzeitäquivalenzquoten, im Vergleichsjahr 2009 waren es 60,7 Prozent und 62,5 Prozent, auch Frankreich (53,4 Prozent) stand besser da als Deutschland (Sachverständigenkommission 2011, S.92).

Die schlechte Erwerbsintegration von Frauen drückt sich also in einer hohen Teilzeitquote aus, mit recht niedrigen Wochenarbeitszeiten, zudem in häufiger Prekarität und mit vielen Arbeitsverhältnissen im Niedriglohnbereich. Frauenarbeit ist statistisch in der Regel Zuverdienstarbeit. Paare leben in *West*deutschland häufig in einer Zuverdienerkonstellation (36,7 Prozent), aber auch in beträchtlichem Umfang noch in männlicher Alleinverdienerkonstellation (21,3 + 3,0 Prozent Frau arbeitslos, Sachverständigenkommission S.97, 2007). In *Ost*deutschland dagegen dominieren bei Paaren vollzeitige Zweiverdienerhaushalte (37,8 Prozent, West: 21,3). Im Januar 2011 legte die Sachverständigenkommission ihr Gutachten für den Ersten Gleichstellungsbericht der Bundesregierung vor, aus der die Benachteiligung von Frauen im Erwerbsleben und kumulierend im Lebensverlauf schonungslos hervorging. Große Anteile der Frauen im besten Karrierealter können sich nicht selbst ernähren, sondern sind überwiegend auf Angehörige, insbesondere Ehemänner, angewiesen.

Die Ursachen dafür sind in der hartnäckigen Dominanz des männlichen Ernährermodells in Deutschland zu sehen (vgl. Berghahn/Wersig 2013; Berghahn 2007; Wersig 2007a). Während in Frankreich seit ca. 100 Jahren eine Förderung erwerbstätiger Frauen und Mütter betrieben wurde, auch aus demographischen Gründen, und in Skandinavien, namentlich Schweden, seit den 1960er Jahren partnerschaftliche Geschlechterverhältnisse seitens der Politik tatkräftig angestrebt wurden – durch Erwerbsförderung, individualisierte Besteuerung und eigenständige, nicht eheabhängige soziale Absicherung bei Arbeitslosigkeit – hielt sich in der Bundesrepublik – anders als in der DDR – das Leitbild des männlichen Ernährermodells. Frauenpolitik segelte meist unter der Flagge der Familienpolitik und war in den meisten Regierungsepochen konservativ inspiriert. Mit dem Stichwort der »Wahlfreiheit« vermied man auch nach Abschaffung der »Hausfrauenehe« als Leitbild in den späten 1970er Jahren, ein neues Leitbild zu schaffen und versuchte den Spagat zwischen der Ermöglichung partnerschaftlicher Erwerbsarbeit und Existenzsicherung einerseits und der bequemen weiteren Förderung der (männlichen) Ernährerkonstellation andererseits, was faktisch zugunsten der letzteren Lösung wirkte. Die Erwerbsintegration von Frauen nahm zwar zu, Frauen waren nun meist Zuverdienerinnen und nicht mehr »Nur-Hausfrauen«. Der Zugewinn beruhte jedoch vor allem auf Teilzeitarbeit, das Arbeitsvolumen der Frauen wurde allenfalls umverteilt, nahm aber nicht oder kaum zu. Teilzeitarbeit kann freiwillige Stundenreduzierung sein, was oft durch das Fehlen von externen Betreuungsmöglichkeiten für Kinder bedingt ist; nicht unbeträchtlich ist aber auch der Anteil unfreiwilliger Teilzeitarbeit, die auf die unternehmerische Zuschneidung der Arbeitsplätze zurückgeht.

Das strategische politische und wirtschaftliche Ziel müsste also die Überwindung des männlichen Ernährermodells sein (vgl. Berghahn/Wersig 2013 Kap. 5). Dazu gehören: diskriminierungsfreier Zugang zu attraktiven Berufspositionen und Aufstiegsmöglichkeiten, keine prekären Arbeitsverhältnisse sondern flexible, aber dennoch geschützte Arbeitsbedingungen (Flexicurity), Reduzierungs- und Wiederaufstockungsmöglichkeiten bei der Arbeitszeit, Verkürzung überlanger Männerarbeitszeiten, existenzsichernde und diskriminierungsfreie Entgelte, »gleicher Lohn für gleichwertige Arbeit«, d.h. bessere Bezahlung auch für typische Frauen- und Care-Arbeit einschließlich existenzsicherndem Mindestlohn. Vorhandene steuerliche Anreize für Nichterwerbstätigkeit von Frauen in Gestalt des steuerlichen Ehegattensplittings sollten abgebaut werden. Bei Arbeitslosigkeit braucht es eine wirksame Wiedereingliederungsförderung. Wer nicht in den ersten Arbeitsmarkt reintegriert werden kann, sollte m.E. längerfristig ein bedingungsloses Grundeinkommen erhalten, die derzeitige (nachrangige) Grundsicherung sollte entsprechend umgewandelt werden. Das Subsidiaritätsprinzip in Gestalt der Anrechnung von Partnereinkommen und -vermögen bei der Grundsicherung für Arbeitsuchende wäre abzuschaffen. Ergänzend sollten öffentliche Kinderbetreuung und andere Hilfen zur Vereinbarung von Familie und Erwerbsarbeit bedarfsgerecht vorhanden sein.

In diesem weiten Feld der Arbeits-, Familien- und Sozialpolitik lässt sich immerhin feststellen, dass 2007 das Elterngeld in eine auf ein Jahr verkürzte Lohnersatzleistung mit zwei Vätermonaten als Bonuszeit umgewandelt (vgl. Wersig 2007b) und ab 2008 der massive Ausbau der öffentlichen Kinderbetreuung für unter Dreijährige in Angriff genommen wurden, ausgerechnet von einer CDU-Ministerin im Familien- und Frauenministerium (Ursula von der Leyen). Diesem anerkennenswerten Vorstoß stehen aber auch erhebliche Strukturverschlechterungen bzw. sozialpolitische Verschärfungen gegenüber, die vor allem in der rotgrünen Zeit durch die Hartz-Gesetze der Agenda 2010 eingeführt und unter der Großen bzw. schwarz-gelben Koalition im Bund weitergeführt wurden. Die Einführung und Förderung von Minijobs, die weitere Deregulierung des Arbeitsrechts mit der faktischen Absenkung der unteren Lohngrenzen (dabei kein gesetzlicher Mindestlohn, keine flächendeckenden tariflichen Lohnuntergrenzen, und sogar die Abschaffung der 15-Stundengrenze bei geringfügiger Beschäftigung), die massive Kürzung der Mittel der Bundesagentur für aktive Arbeitsmarktmaßnahmen mit Qualitätsanspruch zugunsten kurzfristiger Trainings- und Disziplinierungsmaßnahmen für Arbeitslose sind hier zu nennen. Durch die Zusammenlegung von Arbeitslosen- und Sozialhilfe wurde ein Großteil der Langzeitarbeitslosen von der Versicherungsleistung in die Grundsicherung (»Hartz IV«) umgeschichtet, die nach dem Prinzip der vormaligen Sozialhilfe funktioniert. Durch die im SGB II verschärfte Anrechnung von Partnereinkommen und -vermögen verloren allein bei der Umstellung 2005 circa 150.000 Arbeitslose, darunter zwei Drittel Frauen, ihren Unterstützungsanspruch (Arbeitslosenhilfe)(vgl. Berghahn/Wersig 2013 Kap. 4.1; Bäcker 2008; Betzelt/Rust 2010 S. 117ff). Ebenso geschieht dies laufend, wenn Personen vom Arbeitslosengeld I in das Arbeitslosengeld II wechseln. Wenn die Leistung gekürzt oder gestrichen wird, ist die mittellose Person auf ihren Partner verwiesen, sofern der Partner oder die Partnerin, meist aber tatsächlich der männliche Partner, so viel Geld verdient, dass er oder sie die mittellose Person miternähren kann. Die verdienende Person kann dann aber nach der Modellrechnung der Jobcenter auch nur das Existenzminimum für sich selbst beanspruchen. Dass dieses nicht »armutsfest« ist, dürfte bekannt sein.

Solidarität erwartet das Gesetz nicht nur von Eheleuten (Einstandspflicht), sondern auch von Unverheirateten, sofern sie zusammenwohnen, seit August 2006 sogar von nicht verpartnerten gleichgeschlechtlichen Partnern oder Partnerinnen. Zudem besteht u.U. auch eine sozialrechtliche Einstandspflicht für unterhaltsbedürftige Kinder der mittellosen Partnerperson, auch wenn diese nicht Kinder der verdienenden Person sind.

Das rechtlich Vertrackte an den Einstandspflichten liegt darin, dass es auf das Bestehen von Unterhaltspflichten bzw. Berechtigungen nicht ankommt. Im Fall des nicht-verheirateten Zusammenlebens besteht keinerlei Anspruch der mittellosen Person auf Unterhalt gegen den Verdiener. Einer gleichberechtigten Partnerschaft stehen solche Regeln jedenfalls entgegen. Zur finanziellen Abhängigkeit kommt die rechtliche Bewertung hinzu, dass die angeblich versorgte Person nicht mehr »bedürftig« ist und daher auch keine Rechtsansprüche auf Wiedereingliederungsförderung durch aktive Arbeitsmarktpolitik hat. Förderung kann zwar beantragt werden, Bewilligung ist aber unwahrscheinlich, da die privat »versorgten« Langzeitarbeitslosen nicht im Fokus der Bundesagentur für Arbeit stehen.

Auf diese Weise werden die Kosten der Existenzsicherung eines Großteils von Langzeitarbeitslosen privatisiert und deren Arbeitskraft und Erwerbsfähigkeit, die ansonsten durch die prononciert »aktivierende Arbeitsmarktpolitik« ja gerade auf den Arbeitsmarkt hin ausgerichtet werden sollen, werden stillgelegt. Es handelt sich bei rund zwei Dritteln der »Stillgelegten« um Frauen, weil hier ein klassischer mittelbarer Diskriminierungsmodus am Werke ist. Denn Frauen kommen wegen ihrer schlechteren Erwerbsinklusion, ihrer geringeren Einkommen und ihrer längeren Phasen von Berufsunterbrechung und Langzeitarbeitslosigkeit eher in diese sozialrechtliche Abhängigkeitssituation als Männer in Paarbeziehungen.

Es lässt sich also eine massive faktische Instrumentalisierung der asymmetrischen Geschlechterverhältnisse durch die staatliche Sozialgesetzgebung feststellen: Würden die langzeitarbeitslosen Frauen und Männer, die mit verdienenden Partnerpersonen zusammenleben, nicht ihrer individuellen Leistungsansprüche durch die Anrechnung von Partnereinkommen und -vermögen in der Grundsicherung beraubt, müsste der Staat erheblich mehr aufwenden, um die an sich bestehenden und durch vorherige Erwerbsarbeit und Beitragszahlung ja meist auch angesammelten Ansprüche zu befriedigen. Ebenso müsste deutlich mehr berufliche Reintegrationsförderung seitens der Bundesagentur für die »stillgelegten« Ehefrauen und Lebensgefährtinnen organisiert werden. Wie groß die durch die Subsidiaritätsregeln eingesparte Finanzmasse volkswirtschaftlich ist, wurde bisher nicht errechnet.[12] Gäbe es mehr Anreize für Frauen und würden sie genauso selbstverständlich wie Männer ihren Lebensunterhalt selbst verdienen wollen, so würde auch der Druck auf die Wirtschaft und ihre Personalpolitik wachsen bzw. umgekehrt: Gäbe es mehr attraktive Positionen mit adäquater Bezahlung, die auch Frauen offen stehen, könnten diese in höherem Maße und gleichberechtigter ihren Lebensunterhalt selbst verdienen. Für den Staat könnte dies mehr Steuer- und Sozialversicherungseinnahmen bedeuten. Zugleich müssten Männer aber noch deutlicher als heute schon Abschied vom »Familienernährerlohn« nehmen (vgl. Dingeldey 2013), d.h. von einer Zuschneidung des Einkommens mit Erwerbsentgelt plus familiäre und soziale Transfers, die dem Mann die Unterhaltung einer zuverdienenden Ehefrau und minderjähriger Kinder ermöglicht. Fortan wären dann zwei erwachsene Verdiener notwendig plus Transfers oder ein Grundeinkommen für Kinder und daneben für diese noch subventionierte Betreuungs- und Bildungsdienstleistungen.

Im Feld familien- und sozialpolitischer Vorstöße der letzten 10 Jahre lassen sich noch weitere Maßnahmen identifizieren, die geschlechterpolitisch kontraproduktiv wirken. Da ist zum einen die Reform der nachehelichen Unterhaltsansprüche zu nennen, die 2008 in Kraft trat. Mit ihr bekam der Kindesunterhalt in Mangelfällen absoluten Vorrang. Geschiedene Ehefrauen, die schon immer eine Problemgruppe darstell-

12 Selbst Statistiken über die Zahl der Betroffenen werden amtlicherseits zurückgehalten; sie sind mittlerweile auch schwer zu erstellen, da viele Langzeitarbeitslose ohne Leistungsbezug resignieren und sich nicht mehr arbeitslos melden.

ten, wenn in den Ehen die traditionelle Arbeitsteilung praktiziert wurde, können nunmehr noch weniger auf Unterhalt hoffen, da sich der an sich durchsetzbare Anspruch durch vorrangig berechtigte Kinder und weitere vom Ex-Gatten in die Welt gesetzte Kinder schnell auf Null reduziert (vgl. Berghahn/Wersig 2013, S. 309 ff).

Eine andere kontraproduktive Maßnahme ist das Betreuungsgeld, das seit August 2013 gezahlt wird, wenn Kleinkinder ab einem Lebensjahr nicht in öffentliche Betreuung gegeben werden, sondern zu Hause betreut werden.

Dagegen sind alle von Oppositionsseite initiierten Vorstöße für ein geschlechterpolitisches Entgeltgleichheitsgesetz[13] und für die Abschaffung oder individualisierende Modifikation des steuerlichen Ehegattensplittings bislang gescheitert. Ähnliches gilt für die Einführung eines gesetzlichen Mindestlohns oder die Abschaffung der Minijobs. Die Entschärfung des Subsidiaritätsprinzips schaffte es gar nicht erst auf die Agenda.

Fazit zur Frage, wie »lieb und teuer« die Inklusion der Frauen ist

Zusammenfassend ist festzustellen, dass von der regierungsamtlich proklamierten Zentralität der Geschlechterverhältnisse und der »Behandlung« der Ursachen von weiblicher Benachteiligung keine Rede sein kann, wenn man die faktische Politik und die freiwilligen Anstrengungen der Wirtschaft in den letzten Legislaturperioden betrachtet.

Die Inklusion der Frauen ist also keineswegs »lieb und teuer«, selbst wenn sie nützlich wäre. Teuer darf sie schon gar nicht sein; wenn etwas Reformerisches geschieht, muss es möglichst »kostenneutral« für die Staatskasse und die Unternehmen sein, es sei denn, ein »Unionsfürst« wie Horst Seehofer – siehe Betreuungsgeld – will sich damit profilieren.

Das leitet über zur Frage, wie Gleichstellung gesellschaftspolitisch unter solchen Umständen überhaupt erreicht werden soll und vor allem, wer sie voranbringen kann oder muss. Die Antwort ist ziemlich

13 Die SPD hatte 2012 einen Entwurf vorgelegt, BT-Drs. 17/9781. Darin war u.a. vorgesehen, dass die betrieblichen Arbeitgeber (ab 16 Beschäftigte) in regelmäßigen Abständen die betriebliche Lohnstruktur auf geschlechtsspezifische Ungleichbehandlung überprüfen lassen müssten, wobei diese Prüfung nach zertifizierten Methoden von entsprechend sachverständigen und zugelassenen Personen durchgeführt wird. Betriebliche Interessenvertretung und Gleichstellungsbeauftragte sollten beteiligt werden. Bei der Antidiskriminierungsstelle des Bundes würde eine Entgeltgleichstellungsstelle eingerichtet, die die Zertifizierung, Überwachung und Auswertung der Prüfungen übernimmt und entsprechend nachhaken und vorgehen kann, wenn verstoßen wird.

ernüchternd: vorrangig die Betroffenen, d.h. die von den existierenden Strukturen Benachteiligten selbst müssen den Wandel stemmen! Es gibt keinen Förderungs- und Reformautomatismus, auch wenn normative Setzungen wie das anfangs erwähnte Staatsziel solches eigentlich nahelegen. Politik und Wirtschaft funktionieren nicht so, schon gar nicht nach etlichen Jahrzehnten neoliberaler Ausrichtung auf die Bedürfnisse von Unternehmen. Mit Deregulierung, der sogenannten angebotsorientierten Arbeitspolitik und mit Steuersenkung haben die Regierungen Deutschland angeblich fit gemacht für den globalen Wettbewerb, entsprechend wenig war für gesellschaftspolitische Aufgaben der Umverteilung z.B. zugunsten der Geschlechtergerechtigkeit vorgesehen; in der Tarifpolitik war in den meisten Feldern nicht einmal eine Angleichung bei den Löhnen und Gehältern an den Produktivitätszuwachs durchsetzbar, derzeit bleiben die Zuwächse sogar hinter der Inflationsrate zurück. Ohnehin muss alles erkämpft werden. Gleichstellung ist trotz Staatsziel alles andere als ein Selbstläufer!

Somit sind Subjekte der Veränderung also weiterhin vor allem die Frauen selbst, aber natürlich nicht nur sie, sondern auch Männer, denn Geschlechterverhältnisse bestehen nun mal zwischen ihnen. Aber die politische Instrumentalisierung hat natürlich meist zusätzlich einen ethnischen und Klassenbias und macht nicht Halt vor den ohnehin Benachteiligten und Marginalisierten, nicht einmal aus Fairness oder sozialer Befriedungsabsicht. So wurde 2011 den ALG II-beziehenden Eltern das Mindestelterngeld von 300 Euro im Monat entzogen, indem es seitdem auf die Grundsicherung angerechnet wird. Die Begründung lautete: konsequentere Anwendung des Lohnersatzprinzips! Die Gleichstellungspolitik der schwarz-gelben Koalition jedenfalls förderte – ganz im Sinne im Sinne von Demographie- und Fachkräfteförderung – lieber die Frauen und Paare »auf der sonnigen Seite der Straße«, die ökonomisch ohnehin erfolgreichen Frauen und Eltern, während man die Erwerbslosen mehr und mehr sich selbst und ihrer Armut überlässt.

3. Was würde Hannah Arendt zu all dem sagen?

Problematisch erschiene ihr vermutlich, dass ich hier so generalisierend von Frauen und Männern und typischen Interessen und Forderungen qua Geschlecht ausgegangen bin. Das widerspricht ihrer Grundprämisse von Pluralität. Manche aktuelle Frontstellung, z.B. *gegen* das Betreuungsgeld, würde in Arendts Augen ebenso den Respekt für Pluralität vermissen lassen. Vor allem würde sie allerdings bezweifeln, ob es sich bei den behandelten Themen um »politische« Fragen handelt. Denn es geht inhaltlich hauptsächlich um die Binnenstrukturen von Erwerbsarbeit, die Arendt ohnehin kritisch betrachtet, zum Teil geht es auch um privat-intime Aspekte der Bewältigung von Reproduktionserfordernissen in Paarbeziehungen und Familien; auch dass Frauen ausgerechnet von der Inklusion in die entfremdeten Strukturen der heutigen Erwerbsarbeit »Selbstverwirklichung« erwarten, hielte Arendt vermutlich für eine Verherrlichung der lohnabhängigen Arbeit.

Dennoch würde sie die zahlreichen Instrumentalisierungen und die offenkundige Verweigerung politischer Maßnahmen zur Durchsetzung von Gleichberechtigung sicherlich nicht für guten »republikanischen« Politikstil halten; vermutlich hätte Arendt gegen die rigide Praxis der Fraktionsdisziplin ebenso etwas einzuwenden.

Erstaunt wäre sie aber auch nicht über die Verfallserscheinungen des Politischen. Arendt hegte eine nicht nur heimliche Liebe für die griechische Polis und deren elitäres Verständnis des Öffentlichen und Politischen. Die Entwicklungen in der Neuzeit, die den Aufstieg der Ökonomie, des »Herstellens« und der »Arbeit« bedeuteten, die die »Gesellschaft« im Sinne einer Massen- und Konsumgesellschaft entstehen ließen und Politik sogar größtenteils zur Regelung »sozialer« Angelegenheiten der Bevölkerung werden ließen, tragen für Arendt höchst problematische Tendenzen in sich.

Es ist bekannt, dass Arendt keine Feministin war und einem Kernsatz der zweiten deutschen aber auch nahezu weltweiten Frauenbewegung der 1970er Jahre: »Das Private (oder das Persönliche) ist politisch« ablehnend gegenüberstand. So genannte soziale Aspekte des Daseins der Menschen gehörten für sie nicht zum Öffentlichen und nicht zum Politischen. Die Sicherung der eigenen Existenz, d.h. Ernährung, Behausung, Fortpflanzung, das Leben in Zweierbeziehungen und in der Familie, also die Reproduktion des Lebens der Menschen setzte sie als notwendig für das Leben voraus. Diese »soziale« Dimension gilt aber in Arendts Denken als nicht zentral menschlich, sondern eher als naturhaft und unausweichlich. Im Gegensatz dazu geht es ihr um das aktive Tätigsein.

Das Herstellen von Werken, auch von Kunst und das Arbeiten im Sinne von reproduktiven Diensten und Herstellen verbrauchbarer Konsumgüter sind demnach zwar Formen des menschlichen Tätigseins, aber gleichfalls noch und immer wieder den Bedürfnissen der individuellen Existenzerhaltung verbunden. Da verwirklicht sich Freiheit, ein Zentralbegriff in Arendts Denken, nur in geringem Maße. Von höherem Wert ist erst das »Handeln«. Mit ihm stellt das Individuum einen Weltbezug her, in dem auch »das Unerwartete«, das Ereignis zugelassen wird. Das ist der Raum des Politischen, in dem wir uns über allgemeine Angelegenheiten öffentlich verständigen können.

Was ist nun das »Handeln« konkret, und warum ist nach Arendt nur dieser Modus des Tätigseins in der Sphäre des Politischen prädestiniert »Freiheit« zu verwirklichen? Welche Materien können dabei »behandelt« werden? Müssen Aspekte des Sozialen bzw. der sozialen Lebensbedingungen wirklich ausgeschlossen werden aus dem politischen Prozess? Warum soll es nicht möglich sein, politisch beispielsweise über Entgelt- oder Arbeitszeitbedingungen von Frauen (und Männern) oder über zugangsverbessernde Regeln für attraktive Jobs und Leitungsposten zu debattieren und verbindliche Entscheidungen zu treffen? Können Frauen als Staatsbürgerinnen nicht vielmehr von einem demokratischen Gemeinwesen strukturelle Konsequenzen in Richtung auf Inklusion in den Erwerbsprozess und eine eigenständige Existenzsicherung erwarten?

Arendt definiert Handeln einerseits in abstrakter und anspruchsvoller Weise, andererseits aber auch recht einfach, indem sie Handeln mit Sprechen verknüpft und mit dem Sich-Darstellen des Menschen in seiner Einzigartigkeit verbindet. Sie schreibt in »Vita Activa« (S. 214): »Sprechen und Handeln sind die Tätigkeiten, in denen diese Einzigartigkeit sich darstellt. Sprechend und handelnd unterscheiden Menschen sich voneinander, anstatt lediglich verschieden zu sein«. Das aktive In-Erscheinung-Treten eines grundsätzlich als Mensch einzigartigen Wesens beruht im Gegensatz zur Geburt auf einer Initiative, die der Mensch selbst ergreift. Beim Arbeiten und Herstellen ist das nicht unbedingt so, das kann notfalls auch ohne Sprechen und Handeln geschehen. Für das Handeln muss vielmehr ein Element des Einschaltens in die Welt dabei sein. Dieses Sprechen und Handeln darf nicht durch schiere Notwendigkeiten wie das Arbeiten/Herstellen erzwungen sein, auch nicht »hervorgelockt durch den Antrieb der Leistung und die Aussicht auf Nutzen«, sagt Arendt. Dies ist ein deutliches Plädoyer gegen die instrumentelle und ökonomistische Logik und entsprechendes Verhalten. Überhaupt ist Verhalten kein Handeln in Arendts Sinne.

Sprechen und Handeln bewegt sich nach Arendt in dem Bereich, der »zwischen Menschen« liegt, Menschen richten sich unmittelbar an ihre Mitwelt (S. 224). Dabei geht es um »objektive« Inhalte, objektiv-weltliche Interessen im ursprünglichen Wortsinne des lateinischen »interest«, also was zwischen den Menschen liegt, was sie verbindet und zugleich voneinander scheidet.

Hier kommen wir jetzt zum entscheidenden Punkt. Denn wir heutigen Beobachter und Beobachterinnen sehen genau diese Ungleichheiten und strukturellen Benachteiligungen als das an, was zwischen uns liegt, was uns verbindet und unterscheidet, was auch der individuellen Gleichberechtigung widerspricht und ungerecht ist. Insofern ist es durch politisches Handeln zu korrigieren. Deshalb halte ich Arendts Ausgrenzung des »Sozialen« aus der Kategorie der politisch zu besprechenden und verhandelnden Angelegenheiten für falsch. Selbstverständlich muss ein politisch agierendes Subjekt soweit unabhängig vom eigenen Existenzkampf sein, um sich ernsthaft und sachlich mit anderen politischen Subjekten auseinandersetzen zu können, mit Worten, Argumenten und Geltungsgründen, nicht mit Geschrei, Gewalt oder anderen verzweifelten Aktionsformen. Aber die Problematiken der Lebensnotwendigkeiten, die schwierige Sicherung des Lebensunterhalts, die Prozesse mit denen traditionelle Arbeitsteilung und geschlechtliche Asymmetrie immer wieder eingefädelt werden – all diese Aspekte des »Sozialen« lassen sich sehr wohl thematisieren und zum Gegenstand politischen Handelns machen, verlangen geradezu danach. Das ist auch und gerade an der Gleichstellungspolitik der letzten Jahrzehnte – oder besser gesagt: an den vielen bislang unerfüllten Forderungen – festzustellen. Dass dabei meist an das Geschlecht angeknüpft wird, also an einen »Gruppismus«, (Brubaker 2007) steht zwar Arendts grundsätzlicher Zuschreibung von Pluralität qua Geburt und ihrem strikten Individualismus vordergründig entgegen, lässt sich aber doch damit vereinbaren, wenn man Essentialisierungen der Zweigeschlechtlichkeit vermeidet.

Hannah Arendt wollte nicht »als Frau« sprechen, wohl aber als »Jüdin«; das Frausein konnte und wollte sie aber nicht verleugnen. Wie denn auch, man sah es ihr ja an! Ich halte Arendts Umgang mit dem »Sozialen« und den Geschlechterverhältnissen dennoch für eine Folge ihrer biographischen und generationellen Prägung. Das Privat-Intime, die Problematiken des weiblichen Daseins in einer patriarchalen Gesellschaft und als Erweiterung dessen, des »Sozialen«, störten das hehre Politikverständnis nach dem Vorbild der griechischen Polis. Es erscheint mir dennoch historisch nachvollziehbar, dass jemand aus dieser emanzipatorischen Pionierinnengeneration die persönlich unangenehmen und heiklen Themen der zugeschriebenen Frauenrolle einfach auf Abstand halten und die im Privaten aufgeworfenen Probleme der Selbst- und Fremddefinition lieber mit sich selbst abmachen wollte, um den Raum der Öffentlichkeit und des Politischen frei von solchen (Rollenbefangenheit erzeugenden) Irritationen nutzen zu können.

Vermutlich würde Arendt aus heutiger Sicht Korrekturen an ihrer Kategorisierung anbringen, sicherlich müssen wir es tun, wenn wir ihre Konstruktionen für uns »retten« wollen. Barbara Holland-Cunz schlägt als wohlwollende Deutung vor, dass Arendt die »Kulturseite« des Menschseins – vielleicht ein wenig zu stark auf Kosten der Naturseite – hervorheben und »besonders würdevoll ausstatten« wollte, »da die Revitalisierung des freiheitlichen Politischen« ihr zentrales Anliegen war (Holland-Cunz 2012, S. 94).

Diese Interpretation lässt sich aufgreifen, und so ergibt sich ein versöhnlicher Ausklang: Hannah Arendt würde, hätte sie die Entwicklung seit ihrem Tod (1975) miterlebt, ihre Ausgrenzung des »Sozialen« und der vermeintlich privaten Geschlechterverhältnisse aus der Kategorie des Politischen korrigieren, und heutige Feministinnen können auch auf Arendt zurückgreifen, wenn sie von deren anspruchsvoller Idee des politischen Handelns Gebrauch machen wollen. Auf diese Weise ergeben sich inhaltlich gehaltvolle Anforderungen gegenüber der real-existierenden Politik in Sachen Gleichstellung und die Erwartung, dass auf billige Instrumentalisierungen verzichtet wird.

Literatur

Arendt, Hannah, 1981: Vita activa oder Vom tätigen Leben, München.

Bäcker, Gerhard, 2008: SGB II: Grundlagen und Bestandsaufnahme. In: Jürgen Klute, Sandra Kotlenga (Hrsg.): Sozial- und Arbeitsmarktpolitik nach Hartz. Fünf Jahre Hartzreformen, Göttingen, S. 20-42.

Berghahn, Sabine/Wersig, Maria (Hrsg.), 2013: Gesicherte Existenz? Gleichberechtigung und männliches Ernährermodell in Deutschland, Baden-Baden.

Berghahn, Sabine, 2012: Vereint im Kampf für die Frauenquote in Aufsichtsräten? Eine kommentierende Betrachtung. Abrufbar unter: http://www.gender-politik-online.de, Rubrik: Aktuelles (Januar 2012) oder: http://www.fu-berlin.de/sites/gpo, Rubrik: Aktuelles, 16.10.13.

Berghahn, Sabine, 2007: Das Versprechen der Existenzsicherung durch die Ehe als »double bind«. In: Kirsten Scheiwe (Hrsg.): Soziale Sicherungsmedelle revisited. Existenzsicherung durch Sozial- und Familienrecht und ihre Geschlechterdimensionen, Baden-Baden, S. 67-83.

Berghahn, Sabine, 2004: Ist die Institution Ehe eine Gleichstellungsbarriere im Geschlechterverhältnis in Deutschland? In: Maria Oppen, Dagmar Simon (Hrsg.): Verharrender Wandel. Institutionen und Geschlechterverhältnisse, Berlin. S. 99-138.

»Berliner Erklärung« (zur Frauenquote in Aufsichtsräten), 2011, abrufbar unter: http://www.berlinererklaerung.de/16.10.13.

Betzelt, Sigrid/Rust, Ursula et al., 2010: Individualisierung von Leistungen des SGB II. Unter Berücksichtigung der familialen Unterhaltsverpflichtungen, Baden-Baden.

Böttger, Barbara, 1990: Das Recht auf Gleichheit und Differenz. Elisabeth Selbert und der Kampf der Frauen um Art. 3 Abs. 2 Grundgesetz, Münster.

Boerner, Sabine/Keding, Hannah/Hüttermann, Hendrik, 2012: Gender, Diversity und Organisatzionserfolg – Eine kritische Bestandsaufnahme. In: zfbf – Zeitschrift für betriebswirtschaftliche Forschung, 2/2012, S. 37-70.

Brubaker, Rogers, 2007: Ethnizität ohne Gruppen, Hamburg.

Carter, Colin B./Lorsch, Jay W., 2004: Back to the Drawing Board, Boston.

Dingeldey, Irene, 2013: Männer und Frauen im Normalarbeitsverhältnis: Familienlohn und Haushaltseinkommen. In: Sabine Berghahn/Ulrike

Schultz (Hrsg.): Rechtshandbuch für Frauen- und Gleichstellungsbeauftragte, Hamburg, 48. Lieferung.

Elias, Norbert/Scotson, John, 1990: Etablierte und Außenseiter, Frankfurt/M.

FidAR (Frauen in die Aufsichtsräte) 2013: FidAR zieht Bilanz. Abrufbar unter http://www.fidar.de/wob-index.html, 16.10.13.

Fraser, Nancy/Honneth, Axel, 2003: Umverteilung oder Anerkennung? Eine politisch-philosophische Kontroverse, Frankfurt/M.

Hartmann, Michael, 2004: Eliten in Deutschland. Rekrutierungswege und Karrierepfade. In: Aus Politik und Zeitgeschichte, B 10/2004, S. 17-24.

Hausen, Karin, 1997: Arbeiterinnenschutz, Mutterschutz und gesetzliche Krankenversicherung im Deutschen Kaiserreich und in der Weimarer Republik. Zur Funktion von Arbeits- und Sozialrecht für die Normierung und Stabilisierung der Geschlechterverhältnisse. In: Ute Gerhard (Hrsg.): Frauen in der Geschichte des Rechts. Von der Frühen Neuzeit bis zur Gegenwart, München, S. 713-743.

Hillman, Amy J./Shropshire, Christine/Canella, Albert A. Jr., 2007: Organizational Predictors of Women on Corporate Boards. In: Academy of Management Journal, Jg. 50, Heft 4, S. 941-952.

Holland-Cunz, Barbara, 2012: Gefährdete Freiheit. Über Hannah Arendt und Simone de Beauvoir, Opladen, Berlin, Toronto.

Leube, Bertold, 2012: Personelle Besetzung des Aufsichtsrates. Qualifikationsanforderungen und Auswahl der Aufsichtsratsmitglieder. In: Grundei/Zaumseil (Hrsg.): Der Aufsichtsrat im System der Corporate Governance – Betriebswirtschaftliche und juristische Perspektiven, Wiesbaden, S. 202-219.

Limbach, Jutta/Eckertz-Höfer, Marion (Hrsg.), 1993: Frauenrechte im Grundgesetz des geeinten Deutschland. Diskussion in der Gemeinsamen Verfassungskommission von Bundestag und Bundesrat und der Bundesratskommission Verfassungsreform, Baden-Baden.

Rechtsausschuss des Bundestags, 2013: Keine Einigkeit über Frauenquote in Aufsichtsräten, Bericht über Anhörung vom 16. Januar 2013. Abrufbar unter: http://www.bundestag.de/bundestag/ausschuesse17/a06/themen/42319209_kw03_pa_recht_aufsichtsrat/index.html, 16.10.2013.

Reichel, Karin, 2013: Strategische Kompetenz für Frauen in Aufsichtsräten – Ein Weiterbildungsprogramm für mehr Geschlechtergerechtigkeit in Überwachungsgremien. In: Sabine Berghahn/Ulrike Schultz (Hrsg.): Rechtshandbuch für Frauen- und Gleichstellungsbeauftragte, Hamburg, Lieferung 46, S. 1-15.

Rudolph, Clarissa, 1996: Einflußpotentiale und Machtbarrieren. Frauenpolitik in der Verfassungsdiskussion, Baden-Baden.

Sachverständigenkommission 2011: »Neue Wege – gleiche Chancen. Gleichstellung von Frauen und Männern im Lebensverlauf. Gutachten der Sachverständigenkommission an das BMFSFJ für den Ersten Gleichstellungsbericht der Bundesregierung, Januar 2011. Essen/Berlin.

Sacksofsky, Ute, 1991/1996: Das Grundrecht auf Gleichberechtigung. Eine rechtsdogmatische Untersuchung zu Artikel 3 Abs. 2 des Grundgesetzes. Baden-Baden.

Werder, Axel v./Wieczorek, Bernd J., 2007: Anforderungen an Aufsichtsratsmitglieder und ihre Nominierung. In: Der Betrieb, Heft 6/2007, S. 297-303.

Wersig, Maria, 2007a: Die Schnittstellen des Ehegattenunterhalts zum Arbeits-, Steuer- und Sozialrecht: Ehezentrierung als Grundlage des starken deutschen männlichen Ernährermodells. In: Sabine Berghahn (Hrsg.): Unterhalt und Existenzsicherung. Recht und Wirklichkeit in Deutschland, Baden-Baden, S. 275-288.

Wersig, Maria, 2007b: Gleichstellungspolitischer Durchbruch oder Kompromisspaket? Die Einführung des Elterngeldes. In: Kirsten Scheiwe (Hrsg.): Soziale Sicherungsmedelle revisited. Existenzsicherung durch Sozial- und Familienrecht und ihre Geschlechterdimensionen, Baden-Baden, S. 131-142.

Armin Nassehi
Ökonomisierung? Politisierung? Differenzierung?

Über das schwierige Verhältnis von Wirtschaft und Politik nebst einer Klärung der Frage, wer die Guten und wer die Bösen sind

Dass wir in einer Zeit zunehmender Ökonomisierung leben, ist nicht nur eine ebenso gängige wie plausible Deutung der Gegenwartsgesellschaft, sondern zugleich auch eine, die an die Tradition der öffentlichen Auseinandersetzungen der westlichen Moderne mit sich selbst anschließt. Öffentliche Debatten um die Gesellschaftlichkeit ihrer eigenen Bedingungen kreisen seit dem 19. Jahrhundert um die Frage des Verhältnisses von politischer Intervention und der Freiheit von Marktkräften. Die Grundcharakterisierung von Gesellschaften als »kapitalistisch« und »sozialistisch« oder eher »liberal« oder »sozialdemokratisch-interventionistisch« zehrt exakt von dieser Unterscheidung zweier Pole der gesellschaftlichen Praxis: der individualistischen Perspektive von Marktteilnehmern, deren Rationalität eine insbesondere den individuellen Nutzen maximierende sei, auf der einen Seite, der kollektivistischen Perspektive einer staats- oder politikzentrierten Rationalität andererseits, die das Marktgeschehen so einschränkt und reguliert, dass der individuelle Nutzen in kollektiven Benefit umgemünzt werden kann.

Unsere politischen Auseinandersetzungen in der Öffentlichkeit kreisen alle letztlich um diesen Kern, um diese politische Leitunterscheidung – und mit der kulturellen Pluralisierung der Gesellschaft tritt diese Unterscheidung womöglich noch deutlicher hervor, weil sie immer weniger durch eine Codierung eher »konservativer« oder eher »fortschrittlicher« kultureller Orientierungen überlagert wird. Aus einer pluralistischen oder libertären Haltung gegenüber religiösen Orientierungen, sexueller Diversität und ästhetischem Avantgardismus lässt sich nicht mehr eindeutig auf eine eher liberale oder eher sozialistische Idee von Wirtschaftspolitik schließen, wie auch eine konservative kulturelle Orientierung keine eindeutigen Rückschlüsse zulassen dürfte. Würde man eine Vier-Felder-Tabelle anfertigen, bei der die vertikale Achse zwischen liberalen und sozialistischen Wirtschaftskonzepten unterscheidet und die horizontale zwischen eher modern-libertären und eher konservativen Werten, so dürfte die Verteilung nicht mehr so eindeutig sein wie vor ein oder zwei Generationen. Das wirkt sich vor allem auf die Unterscheidbarkeit von politischen Parteien aus – Sozialdemokraten leiden heute womöglich an ihrem eher konservativen kulturellen Zuschnitt, während die Union sich geradezu gegen ihren eigenen Willen ästhetisch und kulturell modernisiert. Die Grünen sind vielleicht das interessanteste Amalgam: Sie kombinieren den Furor staatlicher Regulierung mit der totalen Deregulierung von individuellen Orientierungen, sie wollen die Steuern erhöhen, aber auch den individuellen Spieler auf Märkten stark machen. Weniger Uneindeutigkeit geht nicht. Eindeutigkeit gibt es deshalb nur an den rechten und linken politischen Rändern, die in der Bundesrepublik, anders als etwa in Frankreich, Österreich oder Italien, nicht parlamentabel werden.

Selbstbeschreibungen

Das Verhältnis von Ökonomie und Politik bildet auch die Basis von gesellschaftstheoretischen und zeitdiagnostischen Überlegungen. Alles, was unter dem Firmenschild »Kapitalismuskritik« verhandelt wird, hat dieses Verhältnis im Blick, wobei die Diagnosen sehr unterschiedlich ausfallen. Um nur zwei Beispiele zu nennen: Oskar Negt und Alexander Kluge (1972) etwa beklagen vor allem, dass das Proletariat kaum mehr ein Bewusstsein davon habe, dass seine Klassenlage vor allem ökonomisch bedingt sei, während Jürgen Habermas' (1981) Kolonialisierungsthese davon ausgeht, dass ökonomische Imperative in Bereiche der Gesellschaft eindringen, die sich der Steuerung durch die Medien Macht, vor allem aber Geld widersetzen.

Die Diagnose von Habermas ist in der Tat plausibel. Im Gesundheitswesen (vgl. Gerlinger 2013), an neuen Steuerungskonzepten für Universitäten (vgl. Kühl 2012), am »Neuen Steuerungsmodell« der öffentlichen Verwaltung (vgl. Richter 2009; Vogel 2007) und an der Monetarisierung der öffentlichen Hand (Crouch 2011), an der ökonomischen Umstrukturierung des Wohlfahrtsstaates (vgl. Lessenich 2009), ganz zu schweigen von den Folgen der Weltwirtschaftskrise als Motor weltpolitischer und geostrategischer Konfliktlinien, lässt sich dieses Eindringen ökonomischer Logiken durchaus empirisch rekonstruieren – und zugleich sind es ökonomische Akteure, denen man den höchsten Strukturwert und Wirkmacht auf die Gesellschaft unterstellt. Die größte Angst vor der elektronischen Ausspähung haben heute nicht mehr Staaten oder politische Akteure, sondern Unternehmen und ihre Forschungsabteilungen. Man mag das Mobiltelefon der Kanzlerin abhören können, viel interessanter dürfte aber sein, was man auf den Kommunikationswegen von Produktentwicklern, bei Investoren auf Rohstoffmärkten und ähnlichen Akteuren erfährt.

Eine weitere Ökonomisierungsdiagnose thematisiert das, was unter dem Stichwort des »unternehmerischen Selbst« (Bröckling 2007) diskutiert wird. Gemeint ist damit eine neue Mentalität, die vom Individuum verlangt, sich gewissermaßen unternehmerisch zu sich selbst und im Hinblick auf die Optimierung der eigenen inneren und äußeren Ressourcen zu verhalten (vgl. auch Maasen 2012). Von einer neuen Kultur (vgl. Sennett 2006) oder einem neuen Geist des Kapitalismus (vgl. Boltanski/Chiapello 2003) ist die Rede.

Als vorläufiger Befund lässt sich also durchaus festhalten, dass man tatsächlich eine Expansion ökonomischer Logiken beobachten kann – sowohl ihr Eindringen in Bereiche, die eigentlich anderen Regeln folgen als auch ihr Eindringen in die Subjektivität des modernen Menschen, der sich in seiner Individualität als unternehmerischer Akteur zu verstehen beginnt, der auf konkurrenz- und wettbewerbsorientierten Märkten selbstbezogene ökonomische Entscheidungen zu treffen hat.

Ein Gegentrend?

Interessanterweise freilich lässt sich auch ein merkwürdiger Gegentrend ausmachen. Wollte man es etwas überstilisieren, könnte man Negt und Kluge aufnehmen und behaupten, dass es heute nicht mehr das Proletariat ist, das den ökonomischen Ursprung seiner sozialen Lage aus dem Blick verloren hat, sondern die Unternehmen selbst. Was ich meine, ist die wachsende Wertekommunikation in Unternehmen. Unternehmen pflegen sich selbst mit Hilfe von Werten zu beschreiben – mit internen Werten, die ihre Abläufe menschenfreundlicher, respektvoller, verantwortlicher, diverser usw. erscheinen lassen, ebenso mit externen Werten, die Umwelt-, Sozial- und Weltverantwortung reklamieren (vgl. von Groddeck 2011). Man erzeugt dann weniger Produkte und Dienstleistungen als eine bessere Welt – und das sei hier jenseits aller Polemik formuliert. In solcher Wertekommunikation kommt eine eigentümliche Invisibilisierung der Härte ökonomischer Fakten ins Spiel, um sich selbst beschreibbar zu machen und einer Gesellschaft als Kommunikationspartner anzubieten, die sich an die Härte der ökonomischen Kommunikation nicht recht gewöhnen will – eben weil immer mehr Bereiche stark ökonomisiert werden.

Wertekommunikation kann zweierlei: Sie schützt sich einerseits vor Kritik und produziert damit eine Bindung des Adressaten an den Sprecher, andererseits kommt sie mit hinreichender Unschärfe aus, um Informationen zu erzeugen. Die Wertekommunikation von Unternehmen ersetzt womöglich das, was man zuvor mit Hilfe politischer oder politisierbarer Ideologien gemacht hat. Diese erzeugen bisweilen womöglich zu viele Informationen, schon weil sie sich nicht mehr jenen Routinen und erwartbaren Sprecherpositionen fügen wie einst. In einer Zeit, in der ehemalige Mitglieder kommunistischer Plattformen die Lösung der gegenwärtigen Wirtschaftskrise mit Begriffen aus der Tradition Alfred Müller-Armacks formulieren und in der die Frage der Refinanzierung von Staaten sowie die Frage ihrer Zahlungsfähigkeit (die zuvor gewissermaßen kriterienfrei galt) ins Wanken gerät, ist es kein Zufall, dass sich mit Hilfe von Wertekommunikation gerade unter Umgehung strikter Information ein Unterschied machen lässt – was ja bekanntlich die Grundlage aller Information ist. Aber das spricht letztlich nicht gegen die Diagnose der Ökonomisierung, denn es macht nur deutlich, dass es heute offensichtlich ökonomische Akteure (Unternehmen) sind, an denen sich sichtbare kulturelle Selbstbeschreibungen kristallisieren (vgl. dazu Nassehi 2012a).

Die bisherigen Befunde bestätigen in der Tat die Ökonomisierungsdiagnose. Und eine zusätzliche historische Analyse würde zu dem Ergebnis kommen, dass mit der Vernationalstaatlichung der Politik seit dem 19. Jahrhundert und der Sozialdemokratisierung des Wohlfahrtsstaates seit dem Ende des Zweiten Weltkrieges eher eine Politisierung von gesellschaftlichen Selbstbeschreibungen zu beobachten war. Ohne Zweifel hatte die Idee der Nation und des Nationalstaates die Funktion, die auseinanderstrebenden Momente einer dynamischen, funktional differenzierten Moderne beschreibbar und kalkulierbar zu machen. Die nationalstaatliche Beobachtungsform war eine politisierte Beobachtungsform, die Gesellschaften weitgehend mit Kollektiven gleichsetzte und Grundkonflikte der Gesellschaft als politische Konflikte stilisierte. Diese »Politisierung des Problems sozialer Ordnung« (vgl. Nassehi 2006, 314 ff.) hatte durchaus etwas Strukturähnliches wie die Ökonomisierung gesellschaftlicher Selbstbeschreibungen, wie wir sie derzeit beobachten können. Das beste Beispiel für diese Politisierung der Diskurse ist die Soziologie selbst, der man einen »sozialen Bias« bescheinigen kann – in dem Sinne, dass sie gesellschaftliche Ordnung ausschließlich in der Sozialdimension betrachtet und darin von der Kollektivierungsfunktion des politischen Systems zehrt (vgl. dazu Nassehi 2013).

Die Gleichzeitigkeit von Unterschiedlichem – Differenzierung

Was ich bis jetzt angedeutet habe, waren lediglich Konjunkturen gesellschaftlicher Selbstbeschreibungen – zunächst eine politische Semantik im Gefolge der Vernationalstaatlichung des Gesellschaftlichen und der Etablierung von Politik als Sozial- und Wohlfahrtspolitik, dann eine ökonomische Semantik, die sich insbesondere für das Knappheitsmanagement und für Knappheitsausgleich interessiert und dafür insbesondere marktförmige Mechanismen präferiert. Es sollte hier aber um das schon im Titel genannte schwierige Verhältnis von Wirtschaft und Politik gehen, was allein mit einer Analyse semantischer Konjunkturen nicht geleistet werden kann. Für diese Verhältnisbestimmung bedarf es theoretischer Mittel, die in der Lage sein müssen, zweierlei zu leisten. Zum einen müssen sie auf die operativen Bedingungen dieses Verhältnisses abstellen können; zum anderen müssen sie die Gleichzeitigkeit von wirtschaftlichen und politischen Operationen ernst nehmen, denn die Diagnose von semantischen Konjunkturen unterstellt ein Nacheinander eher politischer und eher ökonomischer Semantiken.

Die Gleichzeitigkeit von Unterschiedlichem verweist auf Differenzierung, in diesem Falle auf die funktionale Differenzierung der Gesellschaft. Systemdifferenzierung wird missverstanden, wenn man sie mit Arbeitsteilung verwechselt, denn Arbeitsteilung setzt letztlich eine jenseits der differenzierten Systeme identifizierbare operative Einheit voraus, die etwas, das schon da ist, so teilt, dass die Dinge sinnvoll aufeinander bezogen werden. Wer die Arbeit teilt, muss bereits eine Idee der Einheit der Arbeit voraussetzen, um sie so teilen zu können, dass Unterschiedliches am selben Werkstück getan werden kann. Bezogen auf gesellschaftstheoretische Fragen, würde Arbeitsteilung als gesellschaftliches Differenzierungsprinzip eine vor der Differenzierung liegende Einheit voraussetzen. Der paradigmatische Fall einer solchen Gesellschaftstheorie stammt von Émile Durkheim, der nicht zufällig die »Teilung der sozialen Arbeit« durch eine gesellschaftliche Moral zusammengehalten wissen will. Eine solche Differenzierungstheorie ist nicht wirklich konsequent, weil sie Differenzierung für ein nachgeordnetes Prinzip hält und gesellschaftliche Vielfalt von der Einheit her begreift und nicht umgekehrt gesellschaftliche Einheit von der Differenzierung her. Die Einheit einer funktional differenzierten Gesellschaft besteht in ihrer Differenziertheit – und als einziges Einheitsprinzip wird in dieser von Niklas Luhmann stammenden systemtheoretischen Denkungsart das operative Substrat »Kommunikation« als gemeinsame operative Basis alles Gesellschaftlichen angenommen (vgl. Luhmann 1997).

Funktionssysteme schließen sich durch positive und negative Codewerte – im Falle des ökonomischen Systems ist es die Unterscheidung von Zahlungen oder Nicht-Zahlungen, mediatisiert durch Geld. Geld ist das vielleicht simpelste Medium, weil es wenig Interpretationsspielraum hinterlässt. Es kann harte Faktizitäten simulieren und lässt sich in alle möglichen Waren, Dienstleistungen, Erlebnisse usw. übersetzen, wenn man nur zahlen kann. Doch dabei folgt es wieder nur seiner eigenen Logik. Deshalb war dieses besonders potente Medium auch nie in der Lage, gesellschaftliche Probleme zu lösen – und war deshalb der entscheidende Kulminationspunkt für Kritik. Der Markt kann alleine keine Ordnung schaffen, er kann keine Bevölkerungen versorgen, kann nicht für Gerechtigkeit sorgen, ist nicht daran interessiert, wie Güter und Möglichkeiten distribuiert werden. All das interessiert den Markt deshalb nicht, weil sich das letztlich nicht ökonomisch im engeren Sinne darstellen lässt. Der Markt der Ökonomie ist insofern tatsächlich ein operativ geschlossenes System von Zahlungen, die wiederum Folgen haben – für Zahlungen.

Eine solche Beschreibung des Wirtschaftssystems stellt vor allem auf die Geschlossenheit seiner Operationsweise ab, vernachlässigt aber die Offenheit des Systems. Denn der für sich letztlich blinde Mechanismus einer systemischen Schließung von Zahlungsvorgängen in Zahlungsketten und ihren Folgen für Zahlungsfähigkeit erzeugt zwar eine radikale Immanenz ihrer kumulierenden Folgen, aber die Operationen selbst können sich letztlich nicht in ihrer Systemhaftigkeit wahrnehmen. »Die Offenheit der Wirtschaft findet ihren Ausdruck mithin darin, daß Zahlungen an Gründe für Zahlungen gebunden sind, die letztlich in die Umwelt des Systems verweisen.« (Luhmann 1988, 59) Was man dann sieht, sind andere Marktakteure mit ihren Zwecken und Intentionen, Narrative über Preisentwicklungen, Angebot und Nachfrage auf Produkt- und Dienstleistungsmärkten, Verfügbarkeit von Kapital und nicht zuletzt Einschätzungen darüber, wie andere sich auf dem Markt bewegen werden und wie dieser sich entwickeln wird. Der Markt erscheint dann als Netzwerk. Es war am deutlichsten Harrison C. White (1981; 2002), der darauf hingewiesen hat, dass es vor allem wechselseitige Beobachtungen und Positionskämpfe von Marktteilnehmern in Märkten sind, die Kaufentscheidungen plausibel machen. In Netzwerken entstehen Informationen, Beobachtungen, Einschätzungen, Gewohnheiten, Vorurteile, Erwartungen und nicht zuletzt angemessene Beschreibungen des Marktes, der sich ja vor allem dadurch auszeichnet, dass niemand vollständige Informationen hat, weil der Markt sonst zusammenbrechen würde, denn wenn auf einem Markt alle das (vermeintlich!) Richtige tun, also etwa in die selben Aktien investieren oder die gleichen Produkte kaufen, wenn sie sogar so gut informiert wären, dass sie kein Risiko mehr eingehen könnten, würden Gewinn- und Verlustchancen schwinden, und es würde sich am Ende alles in der Mitte treffen, in der dann nur noch Monopolisten übrig blieben. Ganz abgesehen davon kann es gar keine vollständige Information über irgendetwas geben, denn eine Information macht einen Unterschied. Nur Hintergrundrauschen wäre vollständig, verhindert damit aber Information.

Das Merkwürdige am Wirtschaftssystem ist, dass es unerbittlich nach seiner eigenen Logik funktioniert, dass man sich aber stets seinen Reim darauf machen muss und Kategorien erfinden muss, mit ihm zu leben. Nicht umsonst war die Ausdifferenzierung eines modernen, kapitalistischen Wirtschaftssystems stets mit der Moralisierung des Ökonomischen und der Politisierung von Märkten verbunden. Und nicht umsonst entstehen um die letztlich rein ökonomisch fundierte Anschlusslogik Formen von Selbstbeschreibungen und Reflexionstheorien, die zu nichts anderem dienen, als sich einen Reim auf das zu machen, was sich unerbittlich vollzieht: dass die Erfolgsbedingungen für Zahlungen und Nicht-Zahlungen ausschließlich in weiteren Zahlungen und Nicht-Zahlungen zu suchen sind (vgl. dazu Händler 2012).

Das operative Ordnungsproblem der Gesellschaft wird durch die Ausdifferenzierung codegestützter Anschlusslogiken und systemischer Schließung von Funktionssystemen gelöst – das praktische Ordnungsproblem, in der Gesellschaft mit den Folgen dieser Differenzierung umzugehen dagegen wird durch zwei Mechanismen gelöst: *einerseits* durch Organisationsbildung, was Muster der Handhabung der unterschiedlichen Anschlusslogiken auf Dauer stellt, *andererseits*, damit einhergehend, die Etablierung von spezifischen organisationsgestützten Handlungstypen in Form von Publikums- und Leistungsrollen, Professionstypen, Erwartungsstilen und Mentalitäten. Diese beiden Mechanismen sind es letztlich, als die das ökonomische System (und auch alle anderen Funktionssysteme) letztlich einem alltäglichen Beobachter erscheinen, also solchen Beobachtern, die in den von Harrison White beschriebenen Netzwerken dafür sorgen, dass sich oberhalb der brutalen Logik (im Sinne eines *factum brutum*) ökonomischer Anschlussbedingungen Ordnungsmuster ergeben, die dann den Code entsprechend verwenden.

Ich beschreibe dieses Doppelgesicht des Ökonomischen als einerseits sehr einfache, sich systemisch schließende Autopoiesis von Zahlungen, andererseits als Raum einer wirtschaftlichen Praxis, die sich vor allem innerhalb von gesellschaftlichen Erwartungen, Folgen und Formen plausibilisieren muss, um darauf hinzuweisen, dass der selbe Mechanismus auch für andere Funktionssysteme gilt. Am Eigensinn des Ökonomischen lässt es sich nur am deutlichsten zeigen. Aber auch für das politische, das wissenschaftliche, das rechtliche, das religiöse oder das erzieherische Funktionssystem gilt, dass seine systemische Schließung ausschließlich in sehr einfachen Codierungen und symbolisch generalisierten Anschlussformen liegt. Das *politische System* kann alles beobachten, aber die Erfolgsbedingungen liegen ausschließlich darin, ob politische Kommunikation dazu führt, die Macht zu erhalten. Was Harrison White über die Netzwerkbedingungen von Märkten sagt, gilt dann auch hier: Es sind wechselseitige Beobachtungen, Einschätzungen, Erwartungen von politischen Akteuren, die zu entsprechenden Selbstbeschreibungen führen, etwa zur Pflege politischer Programme und Differenzen, zum merkwürdigen Wechselspiel sachorientierter Einschätzungen der »Lage« mit dem eigentlich »politischen« Sinn solcher Einschätzungen im Hinblick auf die codegestützten Erfolgsbedingungen. Ähnliches lässt sich auch für andere Funktionssysteme zeigen (vgl. Nassehi 2012b).

Es sind die unterschiedlichen Erfolgsbedingungen, die ökonomische und politische Operationen grundlegend unterscheiden. Die Anschlussfähigkeit ökonomischer Operationen wird allein im Hinblick auf erwartete Wirkungen im Hinblick auf Zahlungsfähigkeit und Knappheitsausgleich erzeugt, während sie im politischen System von der Frage abhängig ist, inwiefern politische Operationen dem Machterhalt dienen bzw. zu kollektiv bindenden Entscheidungen im Hinblick auf ein angebbares Kollektiv führen. Was sich hier sehr formal anhört, wird letztlich durch die Einfachheit der Codierungen bestimmt – und führt entsprechend zu komplexen Formen. Komplex ist insbesondere die hier zur Verhandlung stehende Wechselwirkung zwischen den unterschiedlichen Operationsformen. Da sich die Erfolgsbedingungen ökonomischer und politischer Operationen grundlegend unterscheiden, legt die Theorie funktionaler Differenzierung nahe, dass so etwas wie eine Koordinierung der beiden Operationsweisen letztlich ausgeschlossen ist – und dennoch punktuell immer wieder erfolgen muss. Das macht deutlich, warum in funktional differenzierten Gesellschaften das Verhältnis dieser beiden Funktionssysteme zum zentralen Problem gesellschaftlicher Auseinandersetzungen geworden ist und geradezu stilbildend für die Selbstbeschreibung der Gesellschaft wird. Alle *keywords* solcher Debatten – politische Ökonomie des Kapitalismus, soziale Marktwirtschaft, Neoliberalismus, Sozialismus, *New Deal* usw. – zielen auf das operativ letztlich unversöhnbare Verhältnis der beiden Operationsweisen. Formal gesprochen heißt das etwa bei der Diskussion um den Mindestlohn, die den Wahlkampf zur Bundestagswahl 2013 maßgeblich bestimmt hat, dass das Konzept aus ökonomischer Perspektive sich an den ökonomischen Folgen eines solchen Instruments scharf stellt, während aus politischer Perspektive die Frage nach der Wählerloyalität bzw. der Wählbarkeit des Konzepts registriert wird. Interessant ist, dass keine der beiden Perspektiven die angemessenere ist, weil die Bedingungen für Angemessenheit eben unterschiedliche sind.

Mit meinem Argument kann übrigens weder für noch gegen einen flächendeckenden Mindestlohn argumentiert werden (auch wenn der Autor dieser Zeilen dazu eine dezidierte Position hat). Es kommt mir vielmehr darauf an, darauf hinzuweisen, dass sich bereits an einem solch einfachen Beispiel zeigen lässt, dass die unterschiedlichen Logiken der beiden Funktionssysteme irreduzibel gelten – und doch je konkrete Lösungen gefunden werden. Deutlich jedenfalls sollte geworden sein, dass das operative Verhältnis von Ökonomie und Politik (und: Wissenschaft, Recht, Religion usw., was hier freilich nicht das Thema ist) in der Tat schwierig ist, und zwar unhintergehbar schwierig.

Gelungene Vergesellschaftung stellt man sich deshalb wohl so vor, dass die unterschiedlichen Teile so aufeinander bezogen sind, dass sie ihre Erfolgsbedingungen wechselseitig nicht zu sehr stören. Das klassische Bild einer integrierten westlichen Nachkriegsindustriegesellschaft mit ihrem stabilen Institutionenarrangement kommt diesem Ideal wohl sehr nahe – und gerät doch mehr und mehr unter Druck. Den empirischen Gründen für diesen Druck bzw. die erlebte Krise kann ich hier nicht nachgehen, stattdessen möchte ich auf eine Konsequenz dieses Gesellschaftstypus der funktionalen Differenzierung hinweisen, die zum besseren Verständnis dessen beitragen kann, was unter dem Begriff der Ökonomisierung oder Kolonialisierung (Habermas) verhandelt wird.

Fehlende Stoppregeln als Problem und als Lösung

Die funktional differenzierte Gesellschaft löst ihre Komplexitätsprobleme unter anderem dadurch, dass sie mit der Ausdifferenzierung unterschiedlich codierter Funktionssysteme auf eine Instanz verzichtet, die so etwas wie eine interne oder externe Stoppregel für das Operieren der Systeme vorsieht. Diese Funktionsstelle – für die etwa Durkheim eine für die Moderne neu zu entwerfende gemeinsame Moral vorsieht – ist hier nicht besetzt. Die Interdependenzunterbrechung zwischen den Funktionssystemen ermöglicht erst jenen unwahrscheinlichen Komplexitätsaufbau und jene weltgeschichtlich völlig neue Dynamik, die die Moderne ausgezeichnet hat. Das hat es den Funktionssystemen ermöglicht, sich geradezu sprunghaft zu entwickeln – man denke an das, was man den wissenschaftlichen Fortschritt nennt, was ja zunächst einmal nichts anderes ist als die immer schnellere Selbstkorrektur von wissenschaftlichen Wahrheiten; man denke an die Fähigkeit des ökonomischen Systems, noch aus jeder Knappheit eine ökonomische Option zu erzielen; man denke an die Fähigkeit der Politik, alles zum Gegenstand politischer Entscheidungsmöglichkeiten zu machen; man denke an die exorbitanten Möglichkeiten der Kunst, die *imitatio*-Tradition der Welt dadurch zu überbieten, auf eine Vorlage bei der Verdoppelung gesellschaftlicher Realitäten verzichten zu können; man denke nicht zuletzt an die nahezu flächendeckende Möglichkeit des Rechtssystems, einerseits Erwartungssicherheit durch Normen, andererseits Konfliktmöglichkeiten durch die Externalisierung von Entscheidungen an entsprechende Instanzen zu etablieren. Die ungeheure Dynamik der Moderne ist letztlich nur dadurch zu erklären, dass mit dem evolutionären Verzicht auf gesamtgesellschaftliche und funktionssysteminterne Stoppregeln Bedingungen für eine solche Dynamik entstehen konnten. Ich habe diese Konstellation das Problem der »Optionssteigerung« genannt (vgl. Nassehi 1999; 2003; 2011; 2012b).

Zunächst ist zu konstatieren, dass Optionssteigerung durch Interdependenzunterbrechung und Konzentration auf die sehr einfache Schließung von Funktionssystemen durch binäre Codierung eine Lösung darstellt – eine Lösung für das Komplexitätsproblem, das sich im Rahmen stratifizierter Gesellschaften nicht mehr lösen ließ (vgl. dazu Luhmann 1997, 678 ff.). Ein Problem wird aus dieser Lösung dann, wenn sich daraus neue Komplexitätsprobleme ergeben, was durchaus zur ambivalenten Geschichte der gesellschaftlichen Moderne gehört. *Wissenschaft* kann wissenschaftliche Erkenntnisse nicht vermeiden oder aktiv vergessen – deshalb wird man weder die Kernspaltung noch die Systemtheorie wieder los und deshalb verlieren wissenschaftliche Perspektiven auch an Konvergenz mit sogenannten *lebensweltlichen* Perspektiven; *medizinischer Fortschritt* führt zu medizinischen Optionssteigerungen, die im Kontakt mit medizinischen Nachfragern kaum mehr auf Verständnis, geschweige denn auf eingelebte Rituale treffen – man denke nur an den gesamten Fragenkomplex der Intensivmedizin oder der Todeszeitbestimmung zwecks Organtransplantation; *ökonomische Prozesse* haben sich teilweise völlig vom Warenverkehr und von der Warenproduktion abgekoppelt und greifen auf Optionen eines geradezu virtuellen Geldverkehrs zu, der sich von wirtschaftlichen Bedürfnissen ganzer Volkswirtschaften abgekoppelt hat; die *technische Entwicklung* greift auf Optionen zu, die ihrerseits nicht mehr rational zu beherrschen sind, weil sie so komplexe Zeit- und Sachdispositionen auflaufen lassen, dass weder Zeit noch Kenntnis für Entscheidungen bleibt; *Politik* kann sich letztlich zu keinem Thema enthalten, in dem Macht erworben, gesichert oder verloren werden könnte. Die Quintessenz meiner These lautet also: *Codierte Funktionssysteme haben weder externe noch interne Kriterien, die ihre Operationen limitieren könnten, die also ein Maß zur Selbstbeschränkung, zum Verzicht auf Optionen ausbilden oder letztlich zu völliger Transparenz der eigenen Logik führen könnten.* Das Fehlen einer Stoppregel gilt wenigstens auf der Ebene der Codierung, die ja in ihrer evolutionär simplen Form gerade funktional dafür sorgen soll, dass das System nicht auf interne Stoppregeln stößt. Das Bezugsproblem war bei der Umstellung von stratifikatorischer Differenzierung gerade die durch Schichtung bedingte Stoppregel, dass Anschlussfähigkeiten stets auf Grenzen stießen, die außerhalb ihrer eigenen Logik lagen.

Die Ausdifferenzierung von Teilsystemen der Gesellschaft am Differenzierungskriterium der Funktionen hat also ein Problem gelöst, das nun seinerseits Folgeprobleme erzeugt, die vor allem dadurch bedingt sind, dass Funktionssysteme eine Tendenz zur Totalität beinhalten, da aus ihrer jeweiligen Perspektive ihre Perspektive auf die Gesellschaft die Gesamtperspektive darstellt.

Historisch betrachtet kennt die Geschichte der Moderne zwei extreme Optionssteigerungen, die ins Krisenhafte umgeschlagen sind. Dies ist zum einen die radikale politische Optionssteigerung im 20. Jahrhundert, zum anderen die ökonomische im frühen 21. Jahrhundert.

So umstritten es ist, die Diktaturen des 20. Jahrhunderts mit dem Faschismus in Italien, dem Nationalsozialismus in Deutschland, dem Stalinismus in der UdSSR und dem chinesischen Kommunismus bzw. der Kulturrevolution allzu sehr über einen Kamm zu scheren, so sehr ähneln sie sich zumindest strukturell. All diese Bewegungen haben aus gesellschaftstheoretischer Perspektive zweierlei gemeinsam:

Einerseits haben sich die Optionen des Politischen derart gesteigert, dass sie alles, buchstäblich alles, dem Zugriff kollektiv bindender Entscheidungen ausgesetzt haben, insbesondere übrigens die Herstellung von Kollektivitäten selbst, was den politischen Mord, die Ausgrenzung bis zur Vernichtung definierbarer Gruppen und die Herstellung einer internen charismatischen Bindung an ein Kollektiv (ob nun national, rassisch, religiös oder geschichtsphilosophisch-revolutionär) zum Zentrum des politischen Machterhalts gemacht hat. Außerdem ist es diesen Bewegungen gelungen, die selbstlimitierende Funktion der Opposition in binär codierten modernen politischen Systemen außer Kraft zu setzen. Hannah Arendt hat das in ihrem epochemachenden Werk über den Totalitarismus insofern besonders treffend auf den Begriff gebracht, weil sie sich vor allem auf strukturelle Bedingungen kapriziert hat und nicht durch so etwas wie eine kulturelle Ableitung semantische Plausibilitäten aufzuspüren versucht hat (vgl. Arendt 1951).

Andererseits haben sie es geschafft, die Programme der anderen Funktionssysteme semantisch völlig zu überlagern. Damit meine ich nicht die bloße Konjunktur einer stärkeren Plausibilisierung politischer Semantiken im Rahmen der Vernationalstaatlichung des Politischen und der Entstehung von wohlfahrts- und sozialstaatlichen Programmen, sondern die extreme Überlagerung von Entscheidungsprogrammen durch Vorgaben des politischen Systems. Zur Illustration dürften diese Andeutungen genügen.

Am frappierendsten ist die Wirkung solcher extremistischer oder optionsgesteigerter Programme womöglich dort, wo sie rezipiert werden. Für die »rechte« Form der Optionssteigerung sind das sicherlich der Nationalismus und der Antisemitismus, der seit Mitte des 19. Jahrhunderts auch in den moderaten bürgerlichen Bevölkerungsschichten von großer Plausibilität war. Noch frappierender freilich ist für mich die Attraktivität kommunistischer und maoistischer Ideologien für die akademische Jugend in Europa und Nordamerika Ende der 1960er und Anfang der 1970er Jahre. Bürgerkinder sind allen Ernstes mit *Ho-Ho-Ho-Chi-Minh*-Rufen durch westliche Metropolen gezogen und haben denjenigen Machthabern gehuldigt, die Leute wie sie als erstes an die

Wand gestellt hätten, wären sie an der Macht. Jedenfalls ist dies ein deutlicher Indikator dafür, wie die semantische Programmierung auch dort gelingt, wo die operative nicht stattfindet.

Vom Vulgärmarxismus zum Vulgärökonomismus?

Vielleicht lässt sich das, was derzeit als Ökonomisierung firmiert, am besten an einer ähnlichen Trägergruppe verdeutlichen, die nach meiner Einschätzung eine ähnliche Struktur aufweist wie jene Vulgärmarxisten, die vor einer Generation zwar wohlbehütet unter dem Schutz des demokratischen Rechtsstaates Revolutionsspiele veranstalten konnten, dabei aber jeglichen demokratischen *comment* verlassen haben. Ich meine jene junge Generation insbesondere aus der Finanzwirtschaft, die gestählt durch vulgäre ökonomistische Modelle einer Ethik des individuellen Nutzenmaximierers voller Verachtung auf politische Regulierung und kaufmännische Routinen blicken. Ähnlich wie die marxistischen Kaderschmieden damaliger Universitäten sind es heute die MBA-Kaderschmieden, die als extremer ideologischer Ausdruck einer neuen Optionssteigerung angesehen werden können. Ganz ähnlich wie die Überpolitisierung linksextremen Denkens eine merkwürdige revolutionäre Atmosphäre geschaffen hatte, herrscht eine solche heute an den Börsen, zumindest bei einer bestimmten Trägergruppe, die in der Monetarisierung und in finanzwirtschaftlichen Instrumenten die Lösung aller Probleme sieht – hier wie dort übrigens vor allem junge Männer. Diese Trägergruppe darf nun nicht als Treiber oder gar Urheber dieser ökonomischen Optionssteigerung angesehen werden, sondern als ein Resultat dieser Entwicklung.

Was wir derzeit als Ökonomisierung bezeichnen, ist dann analog dazu tatsächlich eine Optionssteigerung des Ökonomischen, das die Programmierung anderer Funktionssysteme und Organisationen der Gesellschaft bestimmt, was letztlich nur auf den ersten Blick ein *Sieg* des Ökonomischen über andere Funktionen ist (zum Folgenden vgl. schon ausführlich Nassehi 2012b). Was wir derzeit beobachten, ist letztlich eine Selbstgefährdung des Ökonomischen durch seine Optionssteigerung. Wie Colin Crouch in seiner Studie *Über das befremdliche Überleben des Neoliberalismus* gezeigt hat, war es der Keynesianismus selbst, der es der Finanzwirtschaft ermöglicht hat, von staatlicher Ausgabenpolitik so weit zu profitieren, dass sie im Sinne einer monetaristischen Politik ihre volkswirtschaftliche Funktion für die Realwirtschaft eingebüßt hat. »Insofern waren wir alle Komplizen dieses Finanzierungsmodells – was es dem Staat dann noch schwerer machte, in der Krise Gesuche der Banken abzulehnen, die darum baten, man möge doch bitte dabei helfen, wieder auf die Füße zu kommen.« (Crouch 2011, 159) Staaten waren immer auch ökonomische Akteure, aber inzwischen wurde die Beschaffung von Geld dadurch einfacher, dass der Geldmarkt immer flexibler wurde. Paradoxerweise waren die Banken die staatstreuesten Akteure – sie haben trotz aller sog. neoliberalen Semantik den Staaten mehr vertraut als unterprivilegierte Wähler. Der Staat als Kreditnehmer, der sich als Wohlfahrtsstaat Massenloyalität durch teure Versorgung unterschiedlicher Gruppen der Gesellschaft erkauft hat, anstatt lediglich für die Daseinsvorsorge derjenigen zu sorgen, die Unterstützung tatsächlich brauchen, galt per se als kreditwürdig. Banken hatten ein geradezu »sozialistisches« Verständnis vom Staat: als Adresse immerwährender Zahlungsfähigkeit. Staaten haben sich also genauso an den Finanzmärkten bedient wie private Haushalte auch. Crouch spricht von »Wachstum der Kreditmärkte für Menschen mit kleinen und mittleren Einkommen« sowie von der »Entstehung von Märkten für Derivate und Terminkontrakte für Menschen mit großem Vermögen. Diese Kombination brachte einen ›Keynesianismus der privaten Hand‹ hervor, der zunächst zufällig entstand, dann aber von der Politik aufgegriffen und gezielt gefördert wurde. Statt dass der Staat Schulden machte, um die Wirtschaft anzukurbeln, verschuldeten sich Privatleute, nicht zuletzt die, deren Einkommen gering war.« (Ebd., 164) Diese eher auf die USA gemünzte Diagnose gilt strukturell auch für Europa mit seiner stärkeren Staatstätigkeit – aber es zeigt, wie die Ökonomisierung von Semantiken andere Funktionssysteme und Organisationen entsprechend programmieren können. Lapidar schreibt Crouch: »Das Problem ist, dass Banker wie Politiker vom Baum der Erkenntnis der sekundären Märkte gekostet haben.« (Ebd., 175) Die Folgen sind bekannt, und sie wirken sich auf entsprechende Steuerungsmodelle aus – man denke nur an die Steuerung der Forschung an Universitäten durch betriebswirtschaftliche Steuerungstools (vgl. Kühl 2012; Münch 2011) oder an ökonomische Formen des *New Public Management* (vgl. Vogel 2007). Dass dies differenzierungstheoretisch keine *Entdifferenzierung* bedeutet (so aber Richter 2009), lässt sich leicht daran erkennen, dass sich nur die Steuerungstools ökonomisch gebärden, nicht aber die Operationen selbst. Noch die ökonomienaheste Semantik an Hochschulen stellt wissenschaftliche (Forschung) und erzieherische (Lehre) Operationen auf die Erfolgsbedingungen des Geldmediums um. Und die Umstellung etwa kommunaler Verwaltungen auf ökonomische Steuerungsmodelle kann nur so weit gehen, wie es sich politisch darstellen lässt, also im Hinblick auf kollektiv bindende Entscheidungen und ihrer (künftig in Wahlen zu ermittelnden) Legitimation.

Optionssteigerungen des Ökonomischen haben also ähnliche Folgen wie diejenigen des politischen Systems im 20. Jahrhundert. Die krisenhafte Zuspitzung auf die Funktionsübererfüllung des Systems – dort Totalpolitisierung der Gesellschaft durch Ausschaltung der negativen

Codewerte des Politischen (Opposition), hier Abkoppelung von wirtschaftlichen Operationen durch Abkoppelungen von realwirtschaftlichen Umweltbedingungen vor allem in der Finanzwirtschaft – führt letztlich zu einer Entwertung des Mediums, das dann anders gesichert werden muss. Es ist womöglich keine Übertreibung, folgende Analogie zu bilden: Was in den Optionssteigerungen des Politischen die Anwendung von Gewalt als Sicherung von Macht war, ist in den Optionssteigerungen des Ökonomischen der Finanzbedarf der Banken, der sich nicht mehr wirtschaftlich herstellen lässt, sondern paradoxerweise aus der »Umwelt« des Systems bezogen werden muss, kommt doch in der Umwelt des Wirtschaftssystems gar kein Geld vor. Gewalt in der Politik macht sichtbar, was sonst unsichtbar bleiben muss, dass im Extremfall die Sanktionsdrohung des Staates jene Ordnung herstellen kann, die vor allem dann reibungslos funktioniert, wenn auf die Drohung verzichtet werden kann (vgl. Luhmann 2000, 46f.). Der Zusammenbruch von Banken und ihr Finanzbedarf von außen macht sichtbar, wie selbstreferentiell und fragil das Geld letztlich ist und wie sehr sein Wert davon abhängt, dass man von den Bedingungen seines Wertes im operativen Geschäft absehen kann. All das ist die Folge einer Optionssteigerung, die auch das Publikum erfasst hat, dem dies durch semantische Flankierung plausibel gemacht wurde – denn dieses Publikum hat, wie staatliche Akteure auch, seine Unschuld dadurch verloren, dass es »vom Baum der Erkenntnis der sekundären Märkte gekostet« hat (Crouch 2011, 174), um noch einmal diese gelungene Formulierung von Colin Crouch aufzunehmen.

Wer sind nun die Guten, und wer die Bösen?

Aus einer differenzierungstheoretischen Perspektive erscheint die Ökonomisierung von Diskursen und Operationen als Ergebnis einer der Moderne inhärenten Tendenz zur Optionssteigerung von Funktionssystemen. Man kann daran deutlich erkennen, dass gerade in der Wechselwirkung zwischen ökonomischen und politischen Dynamiken das immer wieder neue Thema moderner gesellschaftlicher Selbstbeschreibungen und öffentlicher Debatten um das schwierige Verhältnis von Wirtschaft und Politik kreist. Womöglich verschiebt sich heute der Fokus von der Frage der politischen Repräsentation von Arbeitnehmerrechten vs. Wirtschaftsinteressen auf erheblich kompliziertere Fragen. Es geht heute um den Geldbedarf von Staaten, um den merkwürdigen Zusammenhang von Staatseinnahmen und Wählerloyalität, um die Frage der ökonomischen Handlungsfähigkeit von Staaten zugunsten unterschiedlicher Interessen und nicht zuletzt um Abwehrmöglichkeiten von Staaten gegenüber globalisierten Finanz- und Wirtschaftsdynamiken.

Auch hier sind die Verhältnisse dynamischer geworden und erfordern neue Formen von Netzwerken, neue Wahrnehmungsformen, womöglich neue Koalitionen. Vielleicht bilden auch die Tarifpartner heute gar nicht mehr die entscheidenden unterschiedlichen Interessen ab, was es ihnen wie den Parteien schwer macht, über die angemessenen Probleme zu verhandeln. All das kann hier nicht wirklich diskutiert werden, aber die Andeutungen mögen genügen, um zu zeigen, wie sehr sich die Kräfte womöglich verschieben.

Mein gesellschaftstheoretisches Argument jedenfalls lautet, dass diese neuen Unübersichtlichkeiten, die durch die Ökonomisierung der Gesellschaft zu beobachten sind, keineswegs die Gesellschaftsstruktur verändern oder gar ins Wanken bringen, sondern exakt Ausdruck einer funktional differenzierten Gesellschaft sind, die sich soziologische Beobachter bisweilen als ein allzu harmonisches Modell vorstellen. Vielleicht ist im Hintergrund immer noch die Vorstellung stabil, dass es sich eigentlich um eine arbeitsteilige Gesellschaft handelt. Das mag womöglich sogar für Beobachter gelten, für die meine Diagnose eines sozialen Bias der Soziologie (vgl. Nassehi 2013; in Rekonstruktion der Fachgeschichte Nassehi 2006) nicht gilt. So meine ich dezidiert und ganz anders als etwa Dirk Baecker (2007), dass die neue Netzwerkstruktur der Gesellschaft eben nicht eine »nächste Gesellschaft« darstellt, die die funktionale Differenzierung ablöst, sondern nur innerhalb dieses Kontextes erklärt werden kann.

Offen ist freilich die Frage, was nach der Optionssteigerung des Ökonomischen kommt. Zumindest zwei Möglichkeiten zeichnen sich ab: Ist vielleicht die durch das Internet und seine Möglichkeiten sich verändernde Bedeutung und Kumulationsfähigkeit von Informationen als eine Optionssteigerung des Mediensystems zu interpretieren? Manches spricht dafür. Und in manchen Regionen der Weltgesellschaft scheint es das Religionssystem zu sein, das andere Funktionssysteme zu programmieren versteht. Darüber wird nachzudenken sein.

Abschließend aber endlich zu der Frage, wer die Guten und wer die Bösen sind. Ich gebe darauf eine sehr eindeutige und klare Antwort: *Diese Frage stellt sich schon lange nicht mehr.*

Literatur

Arendt, Hannah 1951: The Origins of Totalitarianism, New York.

Baecker, Dirk 2007: Studien zur nächsten Gesellschaft, Frankfurt/M.

Boltanski, Luc/Ève Chiapello 2003: Der neue Geist des Kapitalismus, Konstanz.

Bröckling, Ulrich 2007: Das unternehmerische Selbst. Soziologie einer Subjektivierungsform, Frankfurt/M.

Crouch, Colin 2011: Das befremdliche Überleben des Neoliberalismus, Berlin.
Gerlinger, Thomas 2013: Wettbewerb und Privatisierung. Über den Wandel von Gesundheitssystemen, in: Armin Nassehi (Hg.): Kursbuch 175: Gefährdete Gesundheiten, Hamburg, S. 170-182.
Groddeck, Victoria von 2011: Organisationen und Werte. Formen, Funktionen, Folgen, Wiesbaden.
Habermas, Jürgen 1981: Theorie des kommunikativen Handelns. Band 2, Frankfurt/M.
Händler, Ernst-Wilhelm 2012: Das Wissen der Ökonomie. Theorie und Praxis, Formen und Grenzen, in: Merkur 66, S. 89-101.
Kühl, Stefan 2012: Der Sudoko-Effekt. Hochschulen im Teufelskreis der Bürokratie. Eine Streitschrift, Bielefeld.
Lessenich, Stephan 2009: Die Neuerfindung des Sozialen. Der Sozialstaat im flexiblen Kapitalismus, 2. Aufl., Bielefeld.
Luhmann, Niklas 1988: Die Wirtschaft der Gesellschaft, Frankfurt/M.
Luhmann, Niklas 1997: Die Gesellschaft der Gesellschaft, Frankfurt/M.
Luhmann, Niklas 2000: Die Politik der Gesellschaft, Frankfurt/M.
Maasen, Sabine 2012: Gut ist nicht gut genug. Selbstmanagement und Selbstoptimierung als Zwang und Erlösung, in: Armin Nassehi (Hg.): Kursbuch 171: Besser optimieren, Hamburg, S. 144-156.
Münch, Richard 2011: Akademischer Kapitalismus. Über die poilitische Ökonomie der Hochschulreform, Berlin.
Nassehi, Armin 1999: Das Problem der Optionssteigerung. Überlegungen zur Risikokultur der Moderne, in: ders.: Differenzierungsfolgen. Beiträge zur Soziologie der Moderne, Opladen, S. 29-48.
Nassehi, Armin 2003: Geschlossenheit und Offenheit. Studien zur Theorie der modernen Gesellschaft, Frankfurt/M.
Nassehi, Armin 2006: Der soziologische Diskurs der Moderne, Frankfurt/M.
Nassehi, Armin 2011: Gesellschaft der Gegenwarten. Studien zur Theorie der modernen Gesellschaft II, Berlin.
Nassehi, Armin 2012a: Gut wirtschaften. Die anschwellende Wertorientierung in der Unternehmenskommunikation, in: ders. (Hg.): Kursbuch 172: Gut leben, Hamburg, S. 8-25.
Nassehi, Armin 2012b: Ökonomisierung als Optionssteigerung. Eine differenzierungstheoretische Perspektive, in: Soziale Welt 63, S. 403-420.
Nassehi, Armin 2013: Hat die Soziologie einen sozialen Bias?, erscheint in: Verhandlungen des Kongresses der Deutschen Gesellschaft für Soziologie in Bochum 2012.
Negt, Oskar/Alexander Kluge 1972: Öffentlichkeit und Erfahrung. Zur Organisationsanalyse von bürgerlicher und proletarischer Öffentlichkeit, Frankfurt/M.
Richter, Peter 2009: Ökonomisierung als gesellschaftliche Entdifferenzierung. Eine Soziologie zum Wandel des öffentlichen Sektors, Konstanz.

Sennett, Richard 2006: The Culture oft he New Capitalism, New Haven/London.
Vogel, Rick 2007: Ökonomisierung des Öffentlichen? New Public Management in Theorie und Praxis der Verwaltung in: Stephan A. Jansen/Birger Priddat/Nico Stehr (Hg.): Die Zukunft des Öffentlichen. Multidisziplinäre Perspektiven für eine Öffnung der Diskussion über das Öffentliche, Wiesbaden, S. 152-174.
White, Harrison C. 1981: Where do Markets Come from?, in: American Journal of Sociology 87, S. 517-547.
White, Harrison C. 2002: Markets from Networks. Socioeconomic Models of Production, Princeton.

Bernhard Emunds

Demokratische Politik im Schlepptau einer verselbständigten Finanzwirtschaft

Die globale Finanzkrise und die aus ihr entstandenen Verschuldungsprobleme in Europa und den USA sowie das akute Krisenmanagement der Industrieländer-Regierungen und ihre begrenzten Erfolge bei der Regulierung der Finanzwirtschaft werfen grundlegende Fragen nach dem Verhältnis von Regierung und Privatwirtschaft auf. Einige neuere sozialwissenschaftliche und -philosophische Beiträge greifen vor allem den Druck auf, der von den Entwicklungen auf den Anleihemärkten und ihren Interpreten auf die Regierungen einiger hoch verschuldeter europäischer Staaten ausgeht (Streeck 2013, 117-132; Habermas 2013, 47-64, 82-111). Im Unterschied dazu stellt der vorliegende Beitrag die Geschäftstätigkeit der Finanzinstitute in den Mittelpunkt. Für einen Teil der finanzwirtschaftlichen Institutionen wird dabei infrage gestellt, dass sie sich als wohlstandsförderlich legitimieren lassen. Außerdem wird beleuchtet, dass die Regierungen der führenden Industrieländer diese verselbständigte – nicht (mehr) auf den Wohlstand der Gesellschaft ausgerichtete – Finanzwirtschaft weitgehend gewähren lassen und darüber hinaus sogar wesentlich dazu beitragen, dass die entsprechenden Geschäftsfelder längerfristig profitabel sind.

In einem ersten Gedankenschritt wird eine wirtschaftsethische Sicht der Finanzwirtschaft in jenen Grundlinien skizziert, die für die weitere Argumentation relevant sind. Im Anschluss daran wird zweitens der Weg in die globale Finanzkrise als eine Phase finanzwirtschaftlichen Überschwangs charakterisiert, wie sie auch schon in früheren Jahrzehnten zu Finanzkrisen führte, und drittens jene neue Gesamtkonstellation der Finanzwirtschaft beschrieben, in der sich dies alles abspielte. Im vierten Argumentationsschritt wird aufgezeigt, wie sehr das Ziel einer Sicherung des Bankensektors das politische Management der akuten Krise und die seitdem von den Industrieländer-Regierungen betriebene Finanzmarktpolitik geprägt hat. Dabei wird deutlich, dass die Regierungen mit dieser Absicherung faktisch eine Form der Finanzwirtschaft fördern, die in wichtigen Geschäftsbereichen nicht zum Wohlstand der Gesellschaft beiträgt. Diese Konstellation wird im fünften Abschnitt eingehender beleuchtet und als Rent Seeking-Ökonomie gedeutet. Der Beitrag endet sechstens mit der Skizze einer exemplarischen Reformperspektive.

1. Finanzethisches Leitbild

Dem am Nell-Breuning-Institut vertretenen Konzept der Politischen Wirtschaftsethik[1] entsprechend, basieren die finanzethischen Reflexionen dieses Beitrags auf einer bestimmten grundlegenden Vorstellung von Wirtschaft: Wirtschaft wird zuerst einmal als Handlungsbereich eines demokratischen Gemeinwesens begriffen. Demokratische Politik zielt auf die Verbesserung der Lebenschancen bzw. auf die Sicherung guter Lebensumstände der Gesellschaftsglieder. Die Bürgerinnen und Bürger des Gemeinwesens sollen so viel positive Freiheit wie möglich haben. Deshalb sucht Politik die gesellschaftlichen – und internationalen – Strukturen so zu gestalten, dass die Menschen möglichst gute Voraussetzungen haben, um zu überleben sowie die eigene Persönlichkeit entfalten und sich am gesellschaftlichen Leben beteiligen zu können.[2] Um es wahrscheinlicher zu machen, dass für die Bürgerinnen und Bürger Wohlstand entsteht, dauerhaft gesichert ist und ggf. steigt, lassen demokratische Gemeinwesen Freiraum für wirtschaftliche Initiative, Unternehmertum und Marktkoordination; ja, sie räumen sogar die Möglichkeit ein, Lohnarbeit und damit eine eindeutig asymmetrische – und insofern nicht demokratische – Form der Kooperation zu nutzen. In einem verlässlichen Rahmen sollen die Vorstände der Unternehmen bei der Bereitstellung von Gütern[3] eigene materielle Interessen bzw. die Interessen von Eigentümern oder Aktionären verfolgen können. Aus dem Zusammenspiel vieler einzelwirtschaftlicher Strategien soll ein Güterangebot entstehen, das gegenüber den Bedürfnissen und Wünschen der Menschen hochflexibel ist.

Insgesamt kommt den Institutionen des Handlungsbereichs Wirtschaft (im Zusammenspiel mit anderen Institutionen) eine *doppelte* Aufgabe zu: einerseits benötigte oder gewünschte Güter bereitzustellen und andererseits Akteure mit der Kaufkraft zum Erwerb dieser Güter auszustatten. Auf diese Weise tragen die wirtschaftlichen Institutionen

1 Das Konzept der Politischen Wirtschaftsethik und seine finanzethische Konkretion stelle ich in einem Buch ausführlich dar, das im Frühjahr 2014 im Springer-Verlag erscheinen wird.

2 Zum Hintergrund vgl. z. B. Sen 2001. Mit Sen und vielen anderen bin ich natürlich überzeugt, dass es um die positive Freiheit aller Gesellschaftsglieder geht und dass aus Gerechtigkeitsgründen gerade die Mehrung der positiven Freiheit der Armen und Benachteiligten Vorrang vor der Ausweitung der Freiheit anderer hat. Aber damit die hier vorgetragenen Überlegungen zur Wirtschaftsordnung einen weithin geteilten Konsens spiegeln können, lasse ich solche Gerechtigkeitsüberlegungen hier ausnahmsweise einmal außen vor.

3 Der Begriff »Güter« steht hier für Waren und Dienstleistungen.

erheblich zur positiven Freiheit der Bürgerinnen und Bürger bei. Diese Doppelaufgabe kann man als die grundlegende funktionale Erwartung der Gesellschaft an den wirtschaftlichen Handlungsbereich begreifen und von den weitergehenden normativen Ansprüchen an wirtschaftliche Institutionen unterscheiden. Dabei entspricht der funktionalen Erwartung an »Wirtschaft« auch eine Minimalaussage über die Rolle von Unternehmen in demokratischen Gesellschaften, gewissermaßen über ihre ethische Geschäftsgrundlage: Sie sollen entlohnte Arbeitsplätze bieten und Güter bereitstellen, die entweder von den privaten Haushalten direkt benötigt oder gewünscht werden oder als Vorleistungen die Bereitstellung solcher Güter ermöglichen oder erleichtern. Nur dann, wenn Unternehmen solche Güter anbieten, tragen sie auch zum Wohlstandsniveau der Gesellschaft bei; nur dann geschieht Wertschöpfung.[4]

Auch gegenüber den Institutionen der privaten Finanzwirtschaft, also gegenüber Finanzmärkten und gewinnorientiert geführten Finanzinstituten, gibt es berechtige funktionale Erwartungen und weitergehende normative Ansprüche. Die folgende Darstellung ist auf eine Skizze zweier – für die weitere Argumentation besonders wichtiger – funktionaler Erwartungen beschränkt.

Zum einen soll die private Finanzwirtschaft den Bedarf der anderen wirtschaftlichen Akteure an finanzwirtschaftlichen Dienstleistungen – wie z.B. der Finanzierung oder der Geldanlage – decken. Geht es um den entsprechenden Bedarf der privaten Haushalte, dann unterstützt die Finanzwirtschaft die Bürgerinnen und Bürger dabei, ihr Leben nach eigenen Vorstellungen zu gestalten und fördert insofern direkt ihre positive Freiheit. Geht es um den Bedarf anderer wirtschaftlicher Akteure (realwirtschaftliche Unternehmen, öffentliche Hand, zivilgesellschaftliche Organisationen), dann ist dieser Beitrag der Finanzwirtschaft zur positiven Freiheit indirekt – vermittelt darüber, dass ihre Dienstleistungen die Möglichkeiten dieser Akteure erweitern. Finanzdienstleistungen können es z.B. den realwirtschaftlichen Unternehmen erleichtern, Waren zu produzieren oder Dienstleistungen zu erbringen, die für die Gesellschaftsglieder überlebensnotwendig sind oder von denen sie sich eine Steigerung ihres Wohlbefindens bzw. mehr positive Freiheit erhoffen. Vier besonders wichtige Dienste der Finanzwirtschaft sollen kurz vorgestellt werden:

1. Die Geschäftsbanken, also jene Finanzinstitute, die primär im Kredit- und Einlagengeschäft tätig sind, garantieren eine elastische Versorgung der Wirtschaftsakteure mit Geld. Das geschieht vor allem dadurch, dass die Banken den Akteuren Kredite geben. Geld besteht

4 Ob das von einem Unternehmen angebotene Gut dann wirklich die positive Freiheit von Personen, die an dessen Bereitstellung nicht beteiligt waren, erhöht, kann hier offen bleiben.

in einer modernen Wirtschaft ja vor allem aus »Buchgeld«, das ist das Guthaben, das die Wirtschaftsakteure auf den Konten bei den Geschäftsbanken haben. Abgesehen von Käufen, welche die Geschäftsbanken selbst tätigen (z. B. auch Käufen von Aktien), entsteht dieses Geld dadurch, dass die Institute Kredite vergeben. Mit der Kreditvergabe erhält die Bank einen Zahlungsanspruch gegenüber dem Kreditnehmer; zugleich räumt sie ihm auf dem Sichteinlagen-Konto (bei einem privaten Haushalt: auf dem Girokonto), das er bei ihr führt, ein (höheres) Guthaben ein, mit dem er seine Rechnungen begleichen kann. Dieses Guthaben des Kunden auf einem Konto der kreditgebenden Bank ist zwar eigentlich nur eine Verbindlichkeit der Bank, hat aber die ganz besondere Eigenschaft, selbst Geld zu sein, nämlich in der betreffenden Volkswirtschaft beinahe allgemein als Zahlungsmittel akzeptiert zu werden. Erst in einem weiteren Schritt tauschen die Bankkunden einen vergleichsweise kleinen Teil dieses neu entstandenen Buchgeldes in Bargeld um, das sich die Geschäftsbanken bei der Zentralbank besorgen müssen (z. B. Kaldor/Trevithick 1981; Emunds 2000, 121-137).

2. Über diese Einlagenkonten wickeln die Geschäftsbanken einen Großteil des Zahlungsverkehrs in der Volkswirtschaft ab. Der damit verbundene Vorteil wird deutlich, wenn man sich vorstellt, alle Zahlungen müssten in bar, also durch das Überbringen von Scheinen und Münzen, erfolgen.
3. Finanzinstitute und Finanzmärkte erbringen die Leistung der Finanzintermediation: Sie bringen zwei Typen von Wirtschaftsakteuren zusammen, die gegenläufige Wünsche haben. Sie vermitteln zwischen Akteuren, die aktuell mehr Geld ausgeben wollen, als ihnen aus dem laufenden Einkommen oder aus ihrer bisherigen Ersparnis zur Verfügung steht, die aber in Zukunft weitere zusätzliche Einnahmen erwarten, einerseits und Akteuren, deren Einkommen die aktuellen Ausgabenwünsche übersteigt, andererseits. Die erste Gruppe hat Interesse an kostengünstigen und verlässlichen Möglichkeiten der Finanzierung. Die zweite Gruppe sucht Möglichkeiten der Geldanlage, die ihren Vorstellungen in Bezug auf Laufzeit, Rendite, Sicherheit und Wiederverkäuflichkeit der Anlage sowie ggf. in Bezug auf ethische Zielsetzungen entsprechen. Gelingt es, beide Interessen gut miteinander zu verbinden, dann fließt viel Geld von der zweiten zu der ersten Akteursgruppe. Ein wichtiger Hebel, die Finanzierungsnachfrage der ersten Gruppe und die überlassenen Anlagegelder der zweiten Gruppe zu steigern, ist die Fristentransformation. Dabei bieten die Geschäftsbanken und andere Finanzinstitute ersteren die Vorteile einer langfristigen Finanzierung, während sie letzteren zusagen, dass sie bei Bedarf ihre Anlage sofort (oder zumindest doch recht kurzfristig) in Geld umtauschen und abziehen können.

4. Die Finanzwirtschaft bieten den Akteuren zahlreiche Möglichkeiten, Risiken zu managen, u.a. diese an andere Akteure, die die Risiken besser tragen können, weiterzureichen. Dabei geht es um Risiken, mit denen die Menschen in ihrem täglichen Leben konfrontiert sind oder welche die Geschäftstätigkeit von Unternehmen erschweren, aber auch um Risiken, die mit einer Finanzierung oder Geldanlage verbunden sind. Ein solches Risikomanagement bieten z. B. Versicherungen an, wird zum Teil aber auch durch Terminmärkte (Märkte für künftig abzuwickelnde Geschäfte) und Märkte für andere Derivate ermöglicht.

Zum anderen gibt es folgende funktionale Erwartung an die private Finanzwirtschaft: Es soll unwahrscheinlich sein, dass von ihr eine nachhaltige Störung der gesamtwirtschaftlichen Entwicklung ausgeht. Der Anspruch, dass eine Branche der Privatwirtschaft – und die private Finanzwirtschaft ist eine solche Branche – nicht so organisiert sein soll, dass sie von Zeit zu Zeit die Entwicklung der Volkswirtschaft insgesamt in eine tiefe Krise stürzt, dürfte eigentlich wenig umstritten sein. Im Nachklang der globalen Finanzkrise wird in der wirtschaftspolitischen Öffentlichkeit jedoch zum Teil eingewandt, Finanzkrisen könnten nicht vermieden werden (z.B. Hank 2008). Statt unter Einsatz aller möglicher, vor allem regulatorischer Mittel zu versuchen, künftige Finanzkrisen zu verhindern oder ihren Eintritt doch höchst unwahrscheinlich zu machen, solle lieber dafür gesorgt werden, dass die Gesamtwirtschaft in Zukunft besser für den Eintritt von Finanzkrisen gewappnet sei, so dass sie dann nach einer Krise schnell wieder Tritt fassen könne. Dabei wird jedoch übersehen, dass es nach 1950 über 40 Jahre lang keine Krisen gab, in denen das *gesamte* Finanzsystem *eines Industrielandes* vor dem Kollaps stand (z. B. Reinhart/Rogoff 2010, 295), so dass dann auch die Realwirtschaft dieses Landes massiv in Mitleidenschaft gezogen wurde. Wenn es also bis 1990 mehr als vier Jahrzehnte lang eine solche stabile Konstellation der finanzwirtschaftlichen Institutionen gab, dann dürfte auch die Forderung nicht realitätsfern sein, die Finanzwirtschaft in Zukunft wieder so zu ordnen, dass zumindest solche Finanzkrisen sehr unwahrscheinlich werden, welche die Gesamtwirtschaft in eine Rezession stürzen.

2. Die globale Finanzkrise – und die Logik von Finanzkrisen überhaupt

In der Geschichte Europas und Nordamerikas seit der Industrialisierung waren Finanzkrisen keine Seltenheit (vgl. Kindleberger 1996; Reinhart/Rogoff 2010). Zudem werden seit etwa zwanzig Jahren periphere Länder immer wieder von Krisen heimgesucht, die von Fehlentwicklungen der privaten Finanzwirtschaft (mit-)verursacht wurden. In solchen Krisen – wie auch in der globalen Finanzkrise – entladen sich Spannungen, die zuvor in Zeiten eines überschäumenden Optimismus aufgebaut worden waren. Dieser Spannungsaufbau geschieht vor allem auf zweierlei Weise: Erstens gehen die Geschäftsbanken und andere Finanzinstitute immer mehr Risiken ein – vor allem dadurch, dass sie ihre Geschäfte immer schneller expandieren und so ihre Fristentransformation zu überdehnen drohen.[5] Dabei setzen sie sich dem Risiko aus, dass die Kunden kurzfristig ihr Geld abziehen wollen und sich in bestimmten Situationen – z. B. aufgrund eines plötzlichen Vertrauensverlustes – niemand findet, der ihnen stattdessen das benötigte Geld zur Verfügung stellt. Der Spannungsaufbau geschieht zweitens dadurch, dass ein Teil der Vermögensmärkte von einer Spekulationswelle (»mania«) erfasst wird, so dass dort eine Preisblase immer weiter wächst.

Beide Aspekte, die Akkumulation von zu viel Risiko in den Finanzinstituten und die Spekulationswelle auf Vermögensmärkten, werden hier unter dem Begriff des »finanzwirtschaftlichen Überschwangs« zusammengefasst und als zwei – zumeist eng miteinander verbundene – Ursachendimensionen von Finanzkrisen begriffen. Diesen beiden Ursachendimensionen entspricht, dass dann auch im Verlauf einer Finanzkrise die beiden folgenden Phänomene zentral sind: die verzweifelten Bemühungen von Finanzinstituten, durch Abbau von Vermögenspositionen und Rückführung der Geschäftstätigkeit die eigenen Risiken zu reduzieren, und das Entweichen der Luft aus einer Preisblase auf überhitzen Vermögensmärkten, das nicht selten von den Notverkäufen der unter Druck geratenen Finanzinstitute ausgelöst wird.

Wenn im späten 19. und frühen 20. Jahrhundert Finanzkrisen entstanden, dann waren nicht nur die beiden Ursachendimensionen eng miteinander verbunden, sondern dieser doppelte finanzwirtschaftliche Überschwang war zugleich an Phasen eines besonders starken konjunkturellen Aufschwungs der Realwirtschaft gekoppelt. Im Mittelpunkt dieser herkömmlichen Konstellation finanzieller Instabilität stand die mit der Kreditvergabe der Geschäftsbanken verbundene Geldschöpfung: Im realwirtschaftlichen Aufschwung dehnen die Unternehmen

5 Finanzinstitute dehnen ihre Fristentransformation aus, indem sie mehr kurzfristige Verbindlichkeiten eingehen und mehr langfristige (schwer verkäufliche) Aktiva erwerben oder die Fristigkeit ihrer Verbindlichkeiten reduzieren und die ihrer Aktiva erhöhen. Je stärker ein Institut Fristentransformation betreibt, desto schneller gerät es durch einen überdurchschnittlichen Abzug von Einlagen in Zahlungsschwierigkeiten. Ein Institut »überdehnt« seine Fristentransformation, wenn das Risiko einer solchen Schieflage zu groß ist. Für eine Schwelle, ab der dies der Fall ist, gibt es keine objektiven Anhaltspunkte.

ihre Investitionen schnell aus und erhöhen dabei auch ihre Kreditaufnahme. Da die Geschäftsbanken mehr Kredite vergeben, wächst ihre Geldschöpfung. Immer mehr Geld kommt in Umlauf und fließt auch auf einige Vermögensmärkte, auf denen es das Wachstum von Preisblasen nährt.[6]

Einer ähnlichen »Logik« der Entstehung und des Ablaufs von Finanzkrisen folgte auch die 2008 ausgebrochene globale Finanzkrise. Auch diese ging vor allem darauf zurück, dass einerseits die Finanzinstitute zuvor zu viel Risiko akkumuliert hatten und dass andererseits zu viele Anlagegelder auf einige Vermögensmärkte geströmt waren und dort eine große Preisblase verursacht hatten. Und auch hier standen die oft panikartigen Bemühungen der Finanzinstitute, ihre Risiken abzubauen, und die Preisstürze auf einzelnen Vermögensmärkten im Zentrum der Krise. Zu den wichtigsten Besonderheiten der globalen Finanzkrise gehört jedoch, dass der finanzwirtschaftliche Überschwang, der der Krise vorausging, nicht auf einem realwirtschaftlichen Boom basierte. Bei einem Vergleich der wirtschaftlichen Entwicklung der führenden Industrieländer seit den 1980er Jahren mit den Jahrzehnten vor 1970, fällt auf, dass die durchschnittlichen Wachstumsraten des Bruttoinlandsproduktes in den letzten drei Jahrzehnten deutlich niedriger ausfielen als vor 1970.[7] Da zudem auch die Schwankungen der Wachstumsrate vor Ausbruch der Finanzkrise nicht mehr so ausgeprägt wie »früher« waren, kann man mit Blick auf die führenden Industrieländer nicht mehr von realwirtschaftlichen Boomphasen, also von Phasen eines besonders dynamischen konjunkturellen Aufschwungs sprechen.[8] Trotzdem sind die Vermögensmärkte in den letzten 30 Jahren nicht ausgetrocknet – im Gegenteil! Unabhängig von der wenig dynamisch wachsenden Realwirtschaft wurden sie von Anlagegeldern geradezu überschwemmt. Verbunden mit dieser überreichlichen Liquidität auf den Vermögensmärkten kam es in der Finanzwirtschaft seit Anfang der 1980er Jahre zu einer äußerst starken Expansion der Transaktionsvolumina und des Gesamtwertes der Finanztitel, vor allem der Aktien und der Derivate.

6 Vgl. Minsky 1982; ders. 1990. Für eine systematische Rekonstruktion vgl. Emunds 2000, 179-230.

7 Daten für die Zeit seit 1950 z.B. bei Bandholz u.a. 2005, 31. In den USA sind die Unterschiede in den Wachstumsraten allerdings nicht so stark ausgeprägt wie in Westeuropa und in Japan.

8 Ein etwas anderes Bild ergibt sich für einige jener Mitgliedsländer des Euro, die in der aktuellen Schuldenkrise massiv unter Druck stehen, weil sie vor Ausbruch der globalen Finanzkrisen eine Phase starken Wachstums durchliefen, etwa für Spanien und Irland (vgl. Schelkle 2013, 80-85).

3. Die neue Gesamtkonstellation der Finanzwirtschaft

Dass es heute zu einem finanzwirtschaftlichen Überschwang kommen kann, ohne dass die Realwirtschaft einen kräftigen konjunkturellen Aufschwung durchläuft, dürfte vor allem auf die aktuelle, völlig neue Gesamtkonstellation der Finanzwirtschaft zurückgehen. Deren Herausbildung in den letzten zwanzig Jahren stellt einen Strukturbruch dar, ohne den die globale Finanzkrise nicht begriffen werden kann.

Die neue Gesamtkonstellation der Finanzwirtschaft lässt sich so beschreiben: In allen Industrieländern – sowie in vielen Schwellen- und Transformationsländern – gibt es gesamtwirtschaftlich bedeutsame Wertpapiermärkte[9] *und zugleich* Geschäftsbanken, die über das Kredit- und Einlagengeschäft hinaus in die zahllosen Vermögenstransaktionen auf diesen Wertpapiermärkten und den Immobilienmärkten involviert sind. Das stellt deshalb eine veränderte Gesamtkonstellation dar, weil es bis in die 1980er Jahre hinein ausschließlich zwei davon deutlich abweichende Typen nationaler Finanzsysteme gab: marktdominierte (u. a. in den USA, in Großbritannien) und rein bankendominierte (u. a. im kontinentalen Westeuropa, in Japan).[10] In den marktdominierten Systemen gab es zwar recht weit entwickelte Wertpapiermärkte. Aber von diesen Transaktionen wurden die Geschäftsbanken strikt ferngehalten (Trennbankenprinzip). In den rein bankendominierten Systemen dagegen durften die Geschäftsbanken zwar auch auf den Wertpapiermärkten und im Immobiliengeschäft aktiv sein (Universalbankenprinzip); aber diese Vermögensmärkte fristeten hier ein kümmerliches Dasein. Mit der neuen Gesamtkonstellation kam es dagegen zu einer Symbiose zweier grundlegender Segmente der Finanzwirtschaft. Das Bankensegment, das die Geschäftsbanken, insbesondere ihr traditionelles Kredit- und Einlagengeschäft umfasst, ist nun eng verbunden mit einem hoch entwickelten Investmentsegment, zu dem das Investmentbanking,[11] die Wertpapiermärkte und liquide Immobilienmärkte gehören. In die-

9 Der Begriff »Wertpapier« umfasst hier auch alle Derivate, der Begriff »Wertpapiermärkte« entsprechend alle Märkte für Derivate.

10 Zu den Grundtypen des banken- und des marktdominierten Finanzsystems vgl. u. a. Allen/ Gale 2000.

11 Zum Investmentbanking zähle ich vor allem die Begleitung, Durchführung und Absicherung von Börsengängen. Auf diese Geschäftszweige sind die Investmentbanken spezialisiert, die bis zur globalen Finanzkrise zumeist rechtlich selbständige Einheiten waren. Darüber hinaus waren und sind sie auch in anderen Bereichen wie in der Vermögensverwaltung für Kunden, der Entwicklung neuer Finanzprodukte und im Eigenhandel mit Wertpapieren aktiv (z. B. Morrison/ Weber 2007).

ser Symbiose haben die Geschäftsbanken in den letzten 20 Jahren vermehrt Kredite an die Käufer von Vermögenswerten vergeben und sich zugleich selbst als Käufer von Aktien, Immobilien oder Warenterminkontrakten betätigt (Eigenhandel der Banken). Dadurch ist immer mehr Geld nach seiner Schöpfung direkt – d.h. ohne den »Umweg« über die Realwirtschaft – auf diese Märkte geflossen. Der vor allem darauf zurückgehende Überfluss an Anlagegeldern (»Liquiditätsschwemme«) führte auf den Aktienmärkten sowie zum Teil auf den Immobilienmärkten der Industrieländer und eventuell auch auf den internationalen Rohstoffmärkten zu einer großen Preisblase, einer Art »super-bubble« (Soros 2008, 81-105; vgl. auch Herr 2010).

Zu den Ursachen des Wachstums dieser globalen Preisblase zählen natürlich die in den letzten 20 Jahren immer weiter gesteigerten Volumina der spekulativen Transaktionen. Aber Finanzspekulation war nicht der einzige Faktor, der die »bubble« immer größer und größer werden ließ.[12] Vielmehr haben daneben auch jene Transaktionen zur Liquiditätsschwemme auf den Vermögensmärkten und damit zur globalen Preisblase beigetragen, mit denen die Vermögensbesitzer ihr Portfolio – der Intention nach[13] – mittel- oder gar langfristig umschichten wollten. In der neuen Gesamtkonstellation der Finanzwirtschaft verdienen die Finanzinstitute ja insbesondere damit viel Geld, dass sie die Vermögenspositionen anderer ständig neu arrangieren bzw. diese ständigen Umschichtungen begleiten oder finanzieren: Die Portfolios der institutionellen Anleger sowie vieler vermögender Haushalte werden durch immer neue Käufe und Verkäufe kontinuierlich »optimiert«; und die Konzerne werden von den Investmentbankern so beraten, dass sie immer wieder Unternehmensteile abstoßen und neue hinzukaufen oder mit anderen Konzernen fusionieren (Mergers & Acquisitions). Bei solchen Umschichtungen bestehender, nicht neu geschaffener Vermögenswerte wird zumeist auch deren Finanzierung »optimiert«, d.h. im Allgemeinen der Anteil, den die Käufer nicht aus Eigenmitteln, sondern durch Aufnahme neuer Schulden finanzieren, immer weiter erhöht. Durch die Verbindung zwischen dem Banken- und Investmentsegment waren vor 2008 die zusätzlichen Kreditmittel auch leicht aufzutreiben. Das für diese Aktivitäten neu geschaffene Geld machte einen wesentlichen Teil jener Liquiditätsschwemme aus, die das schnelle Wachstum der Preisblase auf den Vermögensmärkten verursachte. So wurde es

12 Das gilt zumindest dann, wenn man den Begriff »Spekulation« eng fasst und darunter ausschließlich den gezielten Versuch eines Marktteilnehmers versteht, durch geschicktes Ausnutzen kurzfristiger Preisschwankungen Gewinne zu erzielen (Chick 1983, 202f.; Dies. 1990).

13 Faktisch kommt es in immer kürzeren Zeitabständen zu Umschichtungen, so dass man nicht von längerfristigen Investments sprechen kann.

den Finanzinstituten und ihren Kunden ermöglicht, jeweils durch den Verkauf der Vermögenswerte zu gestiegenen Preisen, also durch die Realisierung von Buchgewinnen, hohe Einkommen zu erzielen. Ohne die Gewinne aus diesem Eigenhandel und ohne die Zinseinnahmen aus der Finanzierung, sowie die Gebühren für die Begleitung und Durchführung der Vermögenstransaktionen ihrer Kunden wären die extrem hohen Gewinne im Finanzsektor und die Spitzeneinkommen vieler Banker in den Jahren vor Ausbruch der globalen Finanzkrise nicht möglich gewesen.

4. Wirtschaftspolitik in und nach der Krise

Die Zeit nach dem Ausbruch einer Finanzkrise, in der das Bruttoinlandsprodukt schrumpft (und später nur geringfügig wächst) ist in der Regel vor allem von den Altlasten des vorausgehenden finanziellen Überschwangs geprägt: vom Einbruch der zuvor in die Höhe geschossenen Preise für Vermögenswerte, von strauchelnden Finanzinstituten, deren Entscheidungsträger panisch versuchen, Risiken abzubauen, und von einer sehr hohen Verschuldung der Wirtschaftsakteure, die nun plötzlich als *Über*schuldung wahrgenommen wird. Dass das zuletzt genannte Phänomen für eine Finanzkrise und ihre Nachwehen typisch ist, begründet Zweifel an dem in der aktuellen wirtschaftspolitischen Debatte verbreiteten Bild, in den Industrieländern hätten über Jahrzehnte immer weiter ausgedehnte Ausgaben der öffentlichen Hand zu überbordenden Staatsschulden geführt. Zugleich lenkt es die Aufmerksamkeit darauf, dass in vielen Industrieländern auch die produzierenden Unternehmen und die privaten Haushalte unter sehr hohen Schuldenständen zu leiden haben (Überblick: Stelter 2013, 2).

Auf dem Höhepunkt der globalen Finanzkrise (2008-2010) war die Sicherung des Bankensektors[14] für die Industrieländer-Regierungen ein hochrangiges, wenn nicht sogar das oberste Ziel ihres Krisenmanagements. Neben besonderen Finanzierungsangeboten der Zentralbanken kam es zu Rettungspaketen, mit denen die Regierungen einen erheblichen Teil der Schulden (oder zumindest der Risiken) einiger privater Großbanken übernahmen (Bail-outs). Als sich später bei einigen europäischen Staaten Schwierigkeiten abzeichneten, alle Zahlungsverpflichtungen gegenüber Gläubigern einzuhalten, verhinderten der IWF sowie die weniger angeschlagenen EU-Staaten, dass es auf breiter Front zu Zahlungsausfällen kam. Wiederum spielte das Ziel, die heimischen Banken – nun als wichtige Gläubiger der »Krisenstaaten« – vor hohen Ver-

14 Der Bankensektor eines Landes besteht aus den dort ansässigen Geschäftsbanken.

lusten zu bewahren, eine wichtige Rolle. Bis heute zielt die Wirtschaftspolitik der Industrieländer nicht nur darauf, das Wachstum wieder in Gang zu bringen und Schuldenstände abzubauen, sondern auch auf eine Stabilisierung der Geschäftsbanken. So bieten die Europäische Zentralbank und ihre US-amerikanische Schwester, die Federal Reserve, den Instituten ihres Währungsgebietes extrem günstige Finanzierungskonditionen, um sie auf ihrem Weg, robustere Banken (z. B. mit mehr Eigenkapital) zu werden, nach Kräften zu unterstützen. Eine Folge dieser Politik ist, dass auf vielen Vermögensmärkten wieder reichlich Liquidität vorhanden ist und z. B. Aktienindizes neue Höchststände erreichen, was den Verdacht einer neuerlichen großen Preisblase nährt.

Das Ziel, die Geschäftsbanken zu sichern, spielt also für die Wirtschaftspolitik in und nach der globalen Finanzkrise eine zentrale Rolle. Aber warum setzen die Regierungen so viel daran, ausgerechnet die Hauptverursacher der Krise vor einem Kollaps zu bewahren? Entscheidend ist, dass moderne, hoch arbeitsteilige Volkswirtschaften nur als Geldwirtschaften funktionieren können: Nur wo Geld im Umlauf ist, können auch Leistungen getauscht werden. Deshalb kann eine moderne Volkswirtschaft nicht einmal kurzfristig – z. B. für eine Woche – darauf verzichten, dass die Geschäftsbanken die beiden ersten der oben erwähnten Funktionen der Finanzwirtschaft erfüllen: Vor allem durch ihre Kreditvergabe stellen die Geschäftsbanken eines Landes die elastische Geldversorgung der Wirtschaftsakteure sicher. Zudem wickeln sie zwischen ihnen den bargeldlosen Zahlungsverkehr ab.[15] Kollabierten in einer Finanzkrise viele Geschäftsbanken, dann gerieten die Geldversorgung und der bargeldlose Zahlungsverkehr ins Stocken. Bräche sogar der gesamte Bankensektor eines Landes zusammen, wäre eine Schockstarre unumgänglich. Kaum eine Transaktion könnte noch durchgeführt werden, das Wirtschaften im Sinne eines Erbringens von Leistungen für andere käme fast ganz zum Erliegen. Dieser Gefahr ist der entscheidende Trumpf in den Händen der Finanzinstitute. Er lässt den Staaten keine andere Wahl, als die Institute gegen Insolvenz abzusichern. Die Regierungen mögen sich »erpresst«[16] fühlen, aber es geht nicht anders! Die Banken haben sie im Schlepptau, aus dem sie

15 Hinzu kommt eine zentrale Rolle der Bankkredite bei der Finanzierung, die oben als Teil der Finanzintermediation (und damit der dritten Funktion der Finanzwirtschaft) vorgestellt wurde.

16 Im Bundestagswahlkampf 2009 sagte die Bundeskanzlerin Angela Merkel bei einer Kundgebung am 21. September 2009 in Kassel: »Es darf nicht mehr sein, dass die Banken und Banker die Kiste an die Wand fahren und dann den Steuerzahler aufräumen lassen. Wir brauchen Regeln, damit der Staat nie wieder von den Banken erpresst werden kann« (CDU Hessen 2009).

sich ohne eine grundlegende Neugestaltung der Finanzwirtschaft nicht befreien können.

Mit den Bail-outs geben die Regierungen den Geschäftsbanken faktisch eine Überlebensgarantie; das für marktwirtschaftliche Ordnungen zentrale Haftungsprinzip wird ausgehebelt (Sinn 2009, 89-92). Die so gesicherten Banken engagieren sich jedoch nicht nur im Kredit- und Einlagengeschäft mit realwirtschaftlichen Unternehmen und privaten Haushalten. Sie sind – wie aufgezeigt – zugleich wichtige »Player« im Investmentsegment der Finanzwirtschaft und sie sind u.a. als Kreditgeber mit anderen großen Akteuren dieses Segments, mit Fonds und mit entsprechend spezialisierten Finanzinstituten, eng verbunden. Solange sich an dieser Verquickung nichts ändert, solange die Grundkonstellation der Finanzwirtschaft, die sich vor der globalen Finanzkrise durchgesetzt hatte, prinzipiell unangetastet bleibt, bedeutet die Überlebensgarantie für die Geschäftsbanken, dass diese ermutigt werden, auf Wertpapier-, Derivate- und Immobilienmärkten sowie als Gläubiger der dort aktiven institutionellen Anleger hohe Risiken einzugehen. Schließlich können die Banken die hohen Gewinne, die bei diesen Geschäften die meiste Zeit anfallen, einstreichen (und an ihre Aktionäre ausschütten), während dann, wenn doch einmal hohe, existenzgefährdende Verluste eintreten, die Regierungen einspringen. Die Überlebensgarantie gilt also nicht nur einer Finanzwirtschaft, die höchst krisenanfällig ist. Vielmehr besteht sogar die Gefahr, dass die Garantie diese Finanzwirtschaft noch krisenanfälliger macht, weil die Aussicht, ggf. hohe Verluste abwälzen zu können, die Bereitschaft der Institute, hoch-riskante Geschäftsstrategien einzugehen, stärkt. Schlimmer noch: Kämen in einer neuen Finanzkrise die richtig großen Banken ins Straucheln, dann könnten Regierungen vor einer sehr unbequemen Wahl stehen. Gegebenenfalls müssen sie dann entweder zulassen, dass ein in den Insolvenzsog geratener finanzwirtschaftliche Supertanker den ganzen Bankensektor ihres Landes mit sich zieht, oder sie gehen – da das Institut nun eigentlich zu groß ist, um gerettet zu werden (»too big to save«) – ihrerseits das Risiko ein, von ihm in die Zahlungsprobleme mit hineingerissen zu werden. Ein »worst case«- Szenario, dessen Eintritt in der Bundesrepublik – vor allem angesichts der Größe der Deutschen Bank und ihres intensiven Engagements im Investmentsegment – nicht ausgeschlossen ist!

Die Überlebensgarantie der Industrieländer-Regierungen für die Geschäftsbanken fördert eine Finanzwirtschaft, die nicht nur höchst krisenanfällig ist und insofern den Wohlstand der in die internationalen Finanzmärkte integrierten Länder bedroht. Sie gilt vielmehr einer Finanzwirtschaft, die in Teilbereichen darüber hinaus auch dann, wenn noch keine Krise ausgebrochen ist, zum Wohlstand der Gesellschaften nichts beiträgt.

5. Teile der Finanzwirtschaft als Rent Seeking-Ökonomie

Um zu verstehen, wie in Teilbereichen der Finanzwirtschaft Einkommen – vielfach hohe Einkommen (!) – erzielt werden können, ohne zum Wohlstand der Gesellschaft beizutragen, muss man das entsprechende Geschäftsmodell etwas näher in den Blick nehmen.

In Zeiten des finanzwirtschaftlichen Überschwangs wächst die Preisblase auf den Vermögensmärkten immer weiter. Solange dies der Fall ist, ist die Spekulation – und umfassender noch: ist das ständige Neuarrangieren von Vermögenswerten – ein Positiv-Summen-Spiel. Im Unterschied zum Glücksspiel[17] werden in der Hausse auf den Vermögensmärkten alle Beteiligten reicher (Chick 1994). Die Gesamtheit ihrer Gewinne übersteigt die Summe ihrer Verluste bei weitem.[18] Da die Geschäfte so gut laufen, stabilisiert sich die Nachfrage nach den haussierenden Vermögensgütern selbst.

Erst wenn die Preisblase platzt, werden einige der Marktteilnehmer hohe Verluste zu tragen haben. Ihnen stehen aber hohe Gewinne anderer Beteiligter gegenüber: aus kassierten Gebühren oder weil die »Wertzuwächse« (Kurs- bzw. Preissteigerungen) durch rechtzeitigen Ausstieg realisiert, also die Buchgewinne in Einnahmen transformiert und damit gesichert werden konnten. Die Einkommen fließen vorwiegend den professionellen Marktteilnehmern zu und allen, die einschlägige Dienstleistungen anbieten. Diese müssen nicht unbedingt *Finanz*dienstleistungen sein, sondern können z. B. auch in der *juristischen* Beratung von Marktteilnehmern bestehen. Nach dem Platzen einer Preisblase werden die Transaktionen auf den Vermögensmärkten für die Dauer des Crashs bzw. der Baisse zu einem Negativ-Summen-Spiel. Allerdings müssen die dabei entstehenden Verluste die Gewinne aus der vorangehenden Hausse nicht vollständig zunichtemachen. Sind die Vermögenspreise nach Abschluss des ganzen Boom-Bust-Zyklus[19] höher, als sie vorher waren,

17 Diesen Punkt verfehlt, wer die Finanzmärkte als Casino kennzeichnet (z. B. Sinn 2009; Flassbeck 2009).

18 Erst einmal geht es – aus bilanzieller Perspektive – um die Buchgewinne, die auf die steigenden Vermögenspreise zurückgehen. Aufgrund der Geldschöpfung der Geschäftsbanken ist die Aussage aber sogar in einer pagatorischen Betrachtung richtig: Ein Teil dieser Nettogewinne wird realisiert, so dass – insgesamt betrachtet – den Marktteilnehmern Geld zufließt.

19 Als Boom-Bust-Zyklus bezeichne ich die Abfolge folgender Phasen: Kredit- und Geldexpansion sowie Anstieg der Vermögenspreise / Beschleunigung und Übersteigerung der Expansion und dieses Preisanstiegs / Finanzkrise: Einbruch von Vermögenspreisen und Versuche des Verschuldungsabbaus

bleibt – über den ganzen Zyklus betrachtet – die Teilnahme an diesen Vermögensmärkten ein Positiv-Summen-Spiel. Vor allem weil die Regierungen in der Krise große Finanzinstitute retten, ist es darüber hinaus sogar möglich, dass der Gesamtheit der privaten Marktteilnehmer aus der Teilnahme an den Vermögensmärkten – wieder über den ganzen Zyklus hinweg gesehen – Geld zufließt. Ein Großteil dieser Einnahmen wird natürlich bei den Akteuren der privaten Finanzwirtschaft und der mit ihnen verbundenen Beratungsszene »hängen bleiben«. Gemeinsam mit den Verlusten vieler schlecht beratener oder »glückloser« privater Kleinanleger (vgl. bereits: Nell-Breuning 1927) sorgen die steuerfinanzierten Bail-outs großer Finanzinstitute also dafür, dass mittel- und langfristig die Aktionäre, Vorstände und Mitarbeiter der Finanzinstitute und die beteiligten Berater am »boom and bust« auf den Vermögensmärkten gut verdienen können.

Dem so erzielten Einkommen stehen allerdings keine neu bereitgestellten Güter gegenüber, mit anderen Worten: ihm entspricht – wie eigentlich detaillierter aufzuzeigen wäre[20] – keine Wertschöpfung. Denn in dem Karussell der Vermögenswerte, das sich in der Hausse immer schneller dreht, kommt es ja vor allem zu einer höheren Bewertung bereits vorhandener Vermögensgüter. Der Reichtum, der mit diesen Transaktionen zusätzlich entsteht, ist ein Zuwachs der Buchwerte.

Mit den Bail-outs großer Finanzinstitute – und indirekt: mit den Rettungspaketen für europäische Regierungen in Zahlungsschwierigkeiten – fließen der privaten Finanzwirtschaft also Steuergelder zu. Zwar wurden und werden seit dem Ausbruch der globalen Finanzkrise die Regulierungsvorschriften für die Finanzwirtschaft sukzessive verschärft (z. B. Dullien 2012). Insgesamt bedeuten sie aber keine Einschränkung des skizzierten Geschäftsmodells, bei dem aus steigenden Vermögenspreisen Einnahmen generiert werden: durch realisierte Buchgewinne im Eigenhandel sowie durch Zinsen und Gebühren für die Finanzierung, Begleitung und Durchführung von Vermögenstransaktionen der Kunden. Für die Entscheidungsträger in den Banken gibt es daher keinen (materiellen) Grund, die diesem Geschäftsmodell entsprechenden Aktivitäten zurückzufahren oder gar zu beenden. Im Gegenteil, mit den Rettungsaktionen der vergangenen Jahre und durch andere Maßnahmen – in Deutschland z. B. durch die Einführung der Bankenabgabe, mit der

/ kriselnde Finanzwirtschaft bis hin zum Einstieg in eine erneute Phase der monetären Expansion und des Preisanstiegs auf den Vermögensmärkten.

20 Für einen detaillierteren Argumentationsgang muss ich hier auf meine bald erscheinende finanzethische Monographie verweisen (vgl. Fußnote 1). In dieser untersuche ich u. a. die Frage, ob die beschriebenen finanzwirtschaftlichen Geschäfte nicht doch einer der gesamtwirtschaftlichen Funktionen der Finanzwirtschaft entsprechen.

die Banken, wie es heißt, an der Finanzierung kommender (!) Bail-outs beteiligt werden sollen – werden sie von der Politik ermutigt, davon auszugehen, dass ihre hohen Verluste auch im nächsten Krisenfall wieder vom Steuerzahler übernommen werden. Dies ist nichts anderes als ein großer finanzieller Anreiz dafür, die entsprechenden Geschäftsbereiche noch weiter ausweiten.

Die hier skizzierte Sicht kann man in der These zusammenfassen, dass die entsprechende Teilbereiche der Finanzwirtschaft eine Rent Seeking-Ökonomie darstellen. Mit diesem – faktisch wertenden – Begriff werden in der Ökonomie häufig die Volkswirtschaften solcher Entwicklungsländer bezeichnet, in denen die Unternehmen viel Geld für die Beeinflussung politischer Entscheidungsträger (z.B. für Einführung, Erhalt oder Ausbau von Wettbewerbsbeschränkungen) ausgeben. Vor allem dann, wenn sich diese Ausgaben mehr lohnen als Investitionen (in den »Produktionsapparat« oder in Forschung und Entwicklung), wirken sich Rent Seeking-Strukturen sehr negativ auf das Wohlstandsniveau der betreffenden Länder aus (z.B. Stiglitz 1999, 455, 628f.). In Analogie dazu gilt für das hier untersuchte Geschäftsmodell der Finanzwirtschaft: Einem erheblichen Teil der Einkommen, die den Finanzinstituten durch die eigene Teilnahme an Aktien-, Derivate- und Immobilienmärkten sowie durch die Begleitung, Ausführung und Finanzierung von Vermögenstransaktionen anderer Akteure zufließen, entspricht keine Wertschöpfung. Dabei gehen diese Einkommen nicht nur auf Verluste der weniger gut informierten Marktteilnehmer zurück, sondern eben auch in großem Umfang auf Zahlungen der um ihren privaten Bankensektor besorgten Regierungen. Mit den entsprechenden Geschäftsmodellen lebt die private Finanzwirtschaft also auch von staatlichen Rettungsschirmen. Zu diesem Bild passt das starke lobbyistische Engagement der Branche für den Erhalt dieser Einkommensquellen.

6. Eine Handlungsperspektive

Nach einer derart düsteren Analyse und Prognose drängt sich natürlich die Frage auf, »was sich« denn nun »ändern müsste«. Die Finanzwirtschaft bedarf offenbar einer Neuausrichtung; die Regierungen müssen die gesetzliche Grundlage für die Geschäfte der Finanzinstitute fundamental verändern. Was konkret zu tun ist, kann hier nicht mehr ausgeführt und mit den bisher beschlossenen Maßnahmen abgeglichen werden. Stattdessen soll hier nur *ein* Beispiel für eine grundlegende Reformidee gegeben werden. Sie zielt auf den Kern der in diesem Beitrag skizzierten Problemanalysen und ist – abgesehen von einer Ausnahme in den USA[21] – noch nicht in gesetzliche Regeln umgesetzt worden.

Bei dieser Reformperspektive geht es darum, nach dem Vorbild des alten anglo-amerikanischen Trennbankenprinzips das Kredit- und Einlagengeschäft von den wertpapierbezogenen Aktivitäten zu isolieren, also das Bankensegment und das Investmentsegment, die in der neuen Gesamtkonstellation der Finanzwirtschaft zusammengewachsen sind, (wieder) zu trennen. Mit den entsprechenden Reformen soll es dem Staat wieder möglich werden, einerseits die Geschäftsbanken, die für die Geldversorgung und den Zahlungsverkehr unerlässlich sind, abzusichern, andererseits Finanzinstitute, die stark in wertpapierbezogene Geschäfte involviert sind, und andere institutionelle Anleger bankrottgehen zu lassen. Die Aktionäre und Gläubiger dieser zuletzt genannten Gruppe würden dann wieder stärker für die Verluste aus den riskanten wertpapierbezogenen Aktivitäten haften. Aufgrund der Trennung wären die Regierungen nicht mehr gezwungen, mit dem Kredit- und Einlagengeschäft zugleich auch die riskanten wertpapierbezogenen Aktivitäten abzusichern.

Eine Isolierung des Kredit- und Einlagengeschäfts von wertpapierbezogenen Aktivitäten würde darüber hinaus in Phasen des finanzwirtschaftlichen Überschwangs den Zufluss frisch geschöpften Geldes auf die Vermögensmärkte drosseln und damit das gleichzeitige Wachstum einer Preisblase auf diesen Märkten bremsen. In der neuen Gesamtkonstellation der Finanzwirtschaft, zu der vor der globalen Finanzkrise das Bankensegment mit einem hochentwickelten Investmentsegment zusammengewachsen war, hatten ja der Eigenhandel der Geschäftsbanken und die durch Bankkredite finanzierten Käufe von Vermögenswerten erheblich zugenommen. Mit der Trennung wäre den Geschäftsbanken der Eigenhandel verboten; die Kreditvergabe für den Kauf von Vermögenswerten wäre eingeschränkt. Dadurch würde erheblich weniger neu geschöpftes Geld direkt – also ohne »Umweg« über die Realwirtschaft, über den Kauf gerade produzierter Waren und aktuell bereitgestellter Dienstleistungen – auf die Aktien-, Derivate- und Immobilienmärkte fließen.

Für die Trennung des Banken- und des Investmentsegments spräche darüber hinaus, dass so der Weg zu einer Finanzwirtschaft geebnet wür-

21 Gemeint ist die sog. Volcker-Regel im US-amerikanischen Dodd-Frank-Act. Sie verbietet z. B. Geschäftsbanken, deren Einlagen staatlich gesichert sind, den Eigenhandel mit kurzfristig fälligen Wertpapieren und die Beteiligung an bestimmten Investmentfonds. Vorschläge, die in die gleiche Richtung weisen, gibt es für Großbritannien (Vickers-Kommission) und für die ganze EU (Liikanen-Kommission). Sie wurden aber (noch) nicht zu gesetzlichen Bestimmungen.

de, die zwar selbst von kleinen und mittleren Krisen heimgesucht wird, aber nicht mehr in der Lage ist, die Gesamtwirtschaft in eine tiefe Krise zu reißen. Ohne die Bedeutung von Reformen im Investmentsegment – etwa eine strengere Regulierung von Derivaten – kleinzureden, scheint doch die Erwartung realistisch zu sein, dass es auch in Zukunft auf vielen Wertpapier- und Immobilienmärkten Preisblasen geben wird. Diese werden hin und wieder platzen und dies dürfte gelegentlich auch einmal Finanzinstitute und andere institutionellen Anleger in den Konkurs treiben. Das bedeutet, dass es im Investmentsegment der Finanzwirtschaft aller Voraussicht nach auch in Zukunft Finanzkrisen geben wird. Entscheidend ist aber, dass diese Krisen nicht auf die Geschäftsbanken übergreifen und vor allem nicht den Bankensektor als Ganzen in die Krise hineinziehen. Erst dann nämlich sind die gesamtwirtschaftlichen Wirkungen einer Finanzkrise so einschneidend, dass es zu einer Rezession (oder zu starken Wachstumseinbußen) kommen kann. Es ist also die Wahrscheinlichkeit einer solchen Ausweitung der Krise, die mit der Isolierung des Kredit- und Einlagengeschäfts von den wertpapierbezogenen Aktivitäten erheblich reduziert werden soll.

Literaturverzeichnis

Allen, Franklin, und Douglas Gale (2000): Comparing financial systems, Cambridge/Mass.: MIT-Press.

Bandholz, Harm, Gebhard Flaig und Johannes Mayr (2005):Wachstum und Konjunktur in OECD-Ländern. Eine langfristige Perspektive, in: ifo Schnelldienst 4/2005, 28-36.

Chick, Victoria (1983): Macroeconomics after Keynes. A reconsideration of the General Theory, Cambridge/Mass.: MIT Press.

Chick, Victoria (1990): Some methodological issues in the theory of speculation, in: Donald Edward Moggridge (Hg.): Keynes, macroeconomics and method (Perspectives on the history of economic thought IV), Aldershot: Edward Elgar, 113-124.

Chick, Victoria (1994): Art. Speculation, in: Philip Arestis und Malcom Sawyer (Hg.): The Elgar companion to radical political economy, Aldershot: Edward Elgar, 380-384.

Dullien, Sebastian (2012): Anspruch und Wirklichkeit der Finanzmarktreform. Welche G20-Versprechen wurden umgesetzt? Bewertung der Politikmaßnahmen nach der Finanzkrise 2008/9 (IMK Study 26), Düsseldorf: Institut für Makroökonomie und Konjunkturforschung, im Internet (Zugriff am 13.12.2012): http://www.boeckler.de/pdf/p_imk_study_26_2012.pdf.

Emunds, Bernhard (2000): Finanzsystem und Konjunktur. Ein postkeynesianischer Ansatz (Hochschulschriften 65), Marburg: Metropolis.

Flassbeck, Heiner (2009): Die Panik im Finanzkasino und ihre Folgen, in: Blätter für deutsche und internationale Politik (Hg.): Das Ende des Kasino-Kapitalismus? Globalisierung und Krise, Berlin: Blätter Verlagsgesellschaft, 31-38.

Habermas, Jürgen (2013): Im Sog der Technokratie. Kleine politische Schriften XII, Berlin: Suhrkamp.

Hank, Rainer (2008): »Marx hat Recht«, in: Frankfurter Allgemeine Sonntagszeitung vom 21.09.2008.

Herr, Hansjörg (2010): Fehlende Instrumente der Geldpolitik – die Zentralbank als Getriebene instabiler Finanzmärkte, in: Wirtschaftsdienst 90, 511-515.

Kaldor, Nicholas, und James Trevithick (1981): Art. Geldtheorie und Geldpolitik V. Aus keynesianischer Sicht, in: Handwörterbuch der Wirtschaftswissenschaft, Bd. 3, Stuttgart u.a.: Gustav Fischer u.a., 412-423.

Kindleberger, Charles P. (1996): Manias, panics, crashes.A history of financial crises, 3. Aufl., New York: John Wiley.

Minsky, Hyman P. (1982): Inflation, recession and economic policy, Brighton: Wheatsheaf [in den USA veröffentlicht als: Can »it« happen again?, Armonk/NY: Sharpe].

Minsky, Hyman P. (1990): John Maynard Keynes. Finanzierungsprozesse, Investition und Instabilität des Kapitalismus (Postkeynesianische Ökonomie 5), Marburg: Metropolis (engl. [1]1975).

Morrison, Alan D., und William J. Wilhelm (2007): Investment banking. Institutions, politics, and Law, Oxford: Oxford University Press.

Nell-Breuning, Oswald von (1927): Volkswirtschaftlicher Wert und Unwert der Börsenspekulation, in: Stimmen der Zeit 114, 46-56.

Reinhart, Carmen, und Kenneth Rogoff (2010): Dieses Mal ist alles anders. Acht Jahrhunderte Finanzkrisen, München: FinanzBuch.

Schelkle, Waltraud (2013): Geldpolitik und Schuldendynamik in Europa, in: Bernhard Emunds und Wolf-Gero Reichert (Hg.): Den Geldschleier lüften! Perspektiven auf die monetäre Ordnung in der Krise(Jahrbuch Die Wirtschaft der Gesellschaft 1), Marburg: Metropolis, 79-97.

Sen, Amartya (2001): Development as freedom, Paperback-Ausgabe, Oxford: Oxford University Press ([1]1999).

Sinn, Hans-Werner (2009): Kasino-Kapitalismus. Wie es zur Finanzkrise kam und was jetzt zu tun ist, Berlin: Econ.

Birgitta Wolff
Zum Zwang der Notwendigkeit in der Wirtschaftspolitik

Für *die* Wirtschaftspolitik kann und will ich natürlich nicht sprechen, aber ich kann mit einigen praktischen Erfahrungen als ehemalige Wirtschaftsministerin eines ostdeutschen Bundeslandes dienen. Ich würde gerne gemeinsam mit Ihnen herausfinden, inwiefern wir den Gedanken der Freiheit im Sinne von Hannah Arendt in moderner Politik, zum Beispiel in der Wirtschaftspolitik, wieder finden. Oder ob das dortige Handeln evtl. doch noch stärker vom »Zwang der Notwendigkeit« geprägt ist. Und falls dem so ist, von welchen Notwendigkeiten. Eventuell ja auch in einem Sinne, den Hannah Arendt nicht im Kopf hatte. Aber so ergeht es ja Autoren, insbesondere solchen, die sich nicht mehr wehren können, dass sie mitunter auch für Erkenntnisse und Inspirationen herhalten müssen, die sie (noch) gar nicht beabsichtigen konnten. Wer weiß, was Platon oder Aristoteles zu ihrer heutigen Rezeption sagen würden?

Was also bedeutet Freiheit, was bedeutet »Zwang der Notwendigkeit« im Sinne Hannah Arendts? Erlauben Sie mir einige Anmerkungen zu den Begrifflichkeiten, bevor ich meinen Gedankengang formuliere und Hannah Arendts Position zu Freiheit versus Zwang der Notwendigkeit in der Wirtschaftspolitik interpretiere.

Freiheit als Überwindung des Zwangs der Notwendigkeit

Freiheit bestimmt sich nach Hannah Arendt immer nur im Bezug zu anderen Menschen. Es gibt keine Freiheit im Privaten, mit sich selbst alleine. Deshalb kann diese – ausschließlich dem Menschen mögliche – Freiheit in nichts anderem als im Bereich des Handelns und damit im Politischen verwirklicht werden. Bemerkenswert finde ich, dass Hannah Arendt Freiheit *im Gefolge* von gewissen Grundbedürfnissen verortet: Freiheit, kommt *nach* der Erhaltung der Art und des Lebens.

Wir lernen von ihr: Politische Freiheit ist nur dort möglich, wo der Zwang der Notwendigkeit (im Sinne von Erhaltung der Art und des Lebens) überwunden ist (vgl. Hannah Arendt: Vita Activa, S. 33 f.).

Implementierung von Freiheit durch Regeln

> *»Politische Freiheit meint also nicht das Handeln wider oder jenseits der Ordnung, sondern sie hat nur dort eine Chance, wo das Handeln-Können von den Anderen rechtlich garantiert wird.« (Christian Volk: Die Ordnung der Freiheit, S. 279.)*

Das heißt: Freiheit braucht Regeln. Hannah Arendt verortet die Urteilskraft (»Rationalität der Urteilskraft«) nicht allein beim Individuum, sondern bei politischen Institutionen (vgl. Volk, S. 279).

> *»Nur dort, wo Verfahrensregeln garantiert sind, kann man berechtigterweise darauf hoffen, dass im Politischen die ›Rationalität der Urteilskraft‹ zur Geltung kommt« (Volk, S. 279).*

Wie kommt man nun zu diesen Verfahrensregeln? Über den politischen Diskurs – und genau hier verortet Hannah Arendt ja dann die Freiheit. Freiheit ist also gewissermaßen Gegenstand und Bedingung des politischen Diskurses zugleich.

Staat und Politik: Genese von Regeln

> *»Die zentrale Frage einer künftigen Politik wird immer wieder das Problem der Gesetzgebung sein« (Hannah Arendt: Denktagebuch, Sept. 1951, zitiert in Volk, S. 15).*

Hannah Arendts Staatsverständnis folgt demjenigen Max Webers (vgl. Volk, S. 119 ff.) Den Staat charakterisiert ein »formal-rationales Rechtsverständnis« (Volk, S. 119). Bei Hannah Arendt ist allerdings der Prozess der Regelfindung im politischen Diskurs mitgedacht.

Regelverständnis: Verwandtschaft mit Neuer Institutionenökonomik?

Ihr Staatsverständnis korrespondiert insofern zumindest in einzelnen Zügen auch mit einer modernen Politischen Philosophie im Sinne der Neuen Institutionenökonomik bzw. der Public Choice Theorie (z. B. James M. Buchanan), und auch einem – wiederum hiermit korrespondierenden – modernen Wirtschaftsethik-Verständnis (z. B. Karl Homann), eben einem ordnungsethischen im Gegensatz zu einem individualethischen. Die Ordnungsethik betont: Es muss Spielregeln geben, und innerhalb dieser gibt es dann die Spielzüge der einzelnen Akteure. Politik ist dann letztlich der Diskurs über die Gestaltung der Spielregeln. Menschliches Miteinander spielt sich so auf zwei Ebenen ab: in einzelnen Spielzügen, dem alltäglichen Handeln *innerhalb von Spielregeln*, und dem Diskurs *über Spielregeln* in der Sphäre der Politik.

Was ich bei Hannah Arendt allerdings nicht gefunden habe, ist die Anreizthematik, die in der Neuen Institutionenökonomik eine prominente Rolle einnimmt. Warum ist das Fragen nach Anreizen wichtig? Jede gesellschaftliche, rechtliche und politische Organisation impliziert Anreize für die Einzelnen. Anreize können bewusst gesetzt sein oder akzidentell, jedenfalls existieren sie. Nachhaltig funktionsfähige Organisationen zeichnen sich dadurch aus, dass die Anreize für den Einzelnen nicht den Interessen der Gemeinschaft systematisch zuwiderlaufen. Beispielsweise darf Korruption oder Steuerhinterziehung sich nicht lohnen. Sie müssen per Saldo unattraktiv sein, ebenso wie das Überfahren von roten Ampeln. Ansonsten erodiert jegliche Moral der Regeleinhaltung und damit das Fundament der Organisation. Eine solche Organisation oder auch Gesellschaft besteht dann eben nicht nachhaltig.

Politphilosophische Ansätze, die unterstellen, dass Akteure aus Idealismus oder gar Altruismus im Sinne des Gemeinwohls entscheiden und handeln, sind empirisch eindrucksvoll widerlegt, nicht zuletzt durch den Fall der Mauer. Auch theoretisch sind sie – zumindest im Mainstream – überwunden. Eine politische Philosophie als staatliche Ordnungs- oder Organisationstheorie muss – ebenso wie eine betriebswirtschaftliche Organisationstheorie – die Frage nach den Motiven der Akteure mit im Blick haben. Sonst gelangt sie nicht nur zu falschen Diagnosen und Analysen, sondern auch zu nicht funktionierenden Gestaltungsempfehlungen, wie wir es beim Marxismus ja mustergültig erlebt haben. Wir müssen wissen: Warum soll es im Interesse der Akteure sein, bestimmten Regeln zuzustimmen? Stimmen wir Regeln zu, weil wir erkennen, dass sie uns nützen, selbst wenn sie uns kurzfristig behindern? Und halten wir diese Regeln dann auch ein? Beispielsweise die Regel, an einer roten Ampel anzuhalten. Muss ich auch an einer roten Ampel anhalten, wenn weit und breit niemand kommt? Und gilt das auch für Fußgängerampeln? Hier ist schon ein längerfristig disponierendes Eigeninteresse – ich nenne das gerne »aufgeklärtes« Eigeninteresse, gefragt, nicht nur ein kurzfristiges Vorteilskalkül. Zum Teil sind Regeln ja auch sich selbst durchsetzend, weil sie ganz offenbar und auch kurzfristig sinnvoll sind, zum Beispiel das Rechtsfahrgebot. Aber nicht bei allen Regeln ist die Einhaltung so offensichtlich und unmittelbar individuell vorteilhaft.

Ein rationales Verständnis der Regeleinhaltung aus aufgeklärtem (also hinreichend langfristig disponierendem) Eigeninteresse kann dazu führen, dass aggregiert letztlich auch dem Gemeinwohl gedient wird. Ein solches Staatsverständnis allerdings setzt voraus, dass nicht nur der Theoretiker, sondern auch die im betreffenden Staat Aktiven tatsächlich allesamt rational in diesem Sinne handeln. Und das ist eine sehr anspruchsvolle Annahme über menschliches Verhalten.

Aufgeklärtes Eigeninteresse als Entscheidungsmotiv in der Politik?

Genau hier wird es spannend: Ist ein solchermaßen rationales, also aufgeklärtes Eigeninteresse wirklich eine brauchbare Beschreibung von Handeln in der Politik?

Zeigt sich Freiheit in der (Wirtschafts-)Politik? Wenn ja, dann wie? Funktioniert der Staat tatsächlich nach einer gewissermaßen Weberschen Rationalität? Oder was sonst mag das Kalkül sein?

Alternative Beschreibungen der Funktionslogik von Politik

Was ist im Kontrast zur Freiheit bei Hannah Arendt der Zwang der Notwendigkeit? Im Kern ist es – wie bereits erwähnt – die Erhaltung der Art und des Lebens, also Selbsterhaltung. Was heißt das für die in der Politik Tätigen, für Politiker? Hier interpretiere ich Hannah Arendt jetzt möglicherweise etwas gewagt, aber Selbsterhaltung für Politiker heißt – und genau das ist eine wesentliche Erkenntnis aus drei Jahren Ministerpraxis – insbesondere auch Erhaltung von Amt und Macht. Vielleicht war ich da zunächst zu blauäugig, aber es gibt, mehr als ich dachte, Politiker, für die eine politische *Position nicht Mittel zum Zweck* ist: Gutes für das Land zu erreichen, sondern die *Position ist der Zweck*. Im Sinne Luhmanns wäre der Code: Sichert eine Entscheidung/Handlung meine Macht – ja oder nein?

Hier könnte man also gewissermaßen Niklas Luhmann gegen Max Weber antreten lassen, und das mit – zugegeben gewagt interpretierter – Arendtscher Terminologie: Entscheiden Politiker *in Freiheit* rational für das Gemeinwohl oder folgen sie dem *Zwang der Notwendigkeit* des Machterhalts?

Beispiel: Amartya Sens Flöte

Wie wirkt sich der Unterschied zwischen diesen beiden Funktionslogiken im konkreten Fall aus? Bevor wir in die Praxis von Wirtschaftspolitik eintauchen, lassen Sie mich den Unterschied zwischen rationalregelgebundener und an Machterhalt interessierter Entscheidungslogik an einem stilisierten Beispiel aus der Literatur illustrieren.

Amartya Sen erzählt in seinem Buch »Die Idee der Gerechtigkeit« von drei Kindern, die darüber streiten, wem eine Flöte gehören soll.

- Das erste Kind ist als einziges von den dreien in der Lage, die Flöte zu spielen.
- Das zweite ist arm und besitzt ansonsten keinerlei Spielzeug.
- Das dritte Kind hat die Flöte mit viel Mühe selbst hergestellt.

Welches der drei Kinder soll nun die Flöte bekommen? Der Charme des formal-rationalen Rechtsverständnisses besteht darin, dass man das Problem *maximal einmal* hätte; spätestens beim zweiten Mal gäbe es zur Lösung solcher Zuteilungsprobleme eine Verfahrensregel, also einen Ordnungsrahmen. Denn einen solchen für systematisch wiederkehrende Probleme aufzustellen, wäre das Anliegen aller Akteure. Dies entspräche der Lehre der Neuen Institutionenökonomik.

Wie aber gelangt man zu einem solchen Ordnungsrahmen? Per Diskurs (nach diversen Denkern von Arendt über Habermas bis zu Homann). Man muss *Begründungen* für die eine oder die andere mögliche Entscheidung offenlegen und sich dann auf eine *übergeordnete Maxime* einigen. So diskutiert auch Sen mögliche Entscheidungsmotive, beispielsweise das Streben nach einem erfüllten Leben, die Beseitigung von Armut oder das Recht auf die Produkte eigener Arbeit (Amartya Sen: Die Idee der Gerechtigkeit, S. 43). Jedes dieser Motive spricht für ein anderes der drei Kinder. Die Entscheidung über die Priorisierung zwischen den möglichen Argumenten erfordert einen Diskurs in der relevanten Gruppe bzw. Gesellschaft. Das Ergebnis des Diskurses ist eine Einigung über die im einzelnen Entscheidungsfall anzuwendende Entscheidungsregel. Die Einzelfall-Entscheidung ergibt sich dann aus der Anwendung der generellen Maxime. Sie ist nicht direkter Gegenstand des Diskurses. Der Diskurs hat nicht die Einzelentscheidung zum Ziel, sondern die Entscheidungsregel.

Was wäre aber nun die zu erwartende Logik nach Luhmannschem Denken? Man entscheidet situativ, je nachdem, für welche Entscheidung jeweils mehr Beifall zu erwarten wäre, im politischen Machtkampf also letztlich Stimmen. Denn diese bedeuten Machterhalt.

Beispiel aus der Wirtschaftspolitik: Wirtschaftsförderung

Wie hilft einem diese Art des Räsonierens als Wirtschaftsministerin? Hier nun die angekündigte, natürlich etwas vereinfacht dargestellte Anekdote aus dem wirklichen Leben: Ein in meinem Bundesland – wie überall im Osten – besonders wichtiges Instrument der Wirtschaftsförderung ist die so genannte GRW-Förderung (Gemeinschaftsaufgabe Regionale Wirtschaftsentwicklung). Im Zuge der Wirtschafts- und Finanzkrise zum Ende der letzten Dekade waren die einschlägigen Landesrichtlinien, weil ja eh kaum jemand investieren wollte, dermaßen gelockert worden, dass alle Projekte innerhalb des sehr weiten Bundesrahmens bewilligt werden konnten. Da in Relation zum Antragsumfang damals auch noch reichlich Mittel zur Verfügung standen, wurde nach »Bewilligungsreife«, das heißt nach Posteingang des letzten antragsrelevanten Schriftstücks, bewilligt. Wichtiges politisches Ziel und »Erfolgskriterium« war der Mittelabfluss. Mit dem Ende der Wirtschafts- und

Finanzkrise sprang die Investitionsfreude der Unternehmer wieder an und damit auch das Antragsvolumen hoch. Zugleich gingen innerhalb von zwei Jahren die zur Verfügung stehenden Mittel auf weniger als die Hälfte zurück. Auf einmal war das zur Verfügung stehende Mittelvolumen sechsfach überzeichnet. Der Mittelabfluss war also auf einmal keine Sorge mehr. Im Gegenteil: Es gab ein Zuteilungsproblem ähnlich dem im Beispiel von Amartya Sens Flöte. Wie entscheidet man nun? Wie kann eine Entscheidungsregel aussehen, die aufwendige und möglicherweise willkürbehaftete Einzelentscheidungen leiten bzw. ersetzen kann, die doch anfällig für Lobbying bis hin zur Korruption sind und leicht in die Sphäre politischer Gefälligkeiten und Seilschaften abdriften können? Interessanterweise sahen andere Politiker und auch etliche Ministeriale darin kaum ein Problem. Vielleicht äußern sich ja gerade in solchen Beobachtungen die Unterschiede zwischen Quereinsteigern in der Politik und »Altgedienten«. Ich lernte: das Entscheiden nach »politischen Opportunitäten« und eben nicht nach eindeutigen und transparenten Regeln hat unter dem Aspekt des Machterhalts auch seine Freunde. Aber was ist im konkreten Fall die Alternative?

Bei der Durchsicht der Liste beantragter und sich in der Prüfung befindender Projekte und im Gespräch mit den Fachleuten, die über mehr als zwanzigjährige Erfahrung in diesem Geschäft verfügten, fiel auf, dass es – vereinfacht – im wesentlichen drei Gruppen bewilligungsreifer Projekte gab.

Erstens Projekte, die aus Gründen der *regionalen Entwicklung* wichtig waren. Sachsen-Anhalt hat noch immer Gegenden mit mehr als 13 Prozent Arbeitslosigkeit.

Zweitens Projekte, für die es – angeblich, denn verifizieren ließ sich das kaum – *informelle Zusagen* wahlkämpfender Spitzenkandidaten oder wichtiger Landtagsabgeordneter gab.

Und drittens Projekte mit besonderes *innovativem Charakter* bzw. ausgeprägten qualitativen Beschäftigungseffekten.

Mitunter sprach mehr als eines der Argumente für ein Projekt, häufig aber auch nicht. Was also tun? Im Rahmen des politischen Diskurses im Landtag, in den Ausschüssen und in den Fraktionen fand auf der Basis eines auch schriftlich dokumentierten Vorschlags meines damaligen Ministeriums ein Diskurs über die Priorisierung statt. Ich schlug aus tiefster Überzeugung die letztgenannte Argumentation vor – natürlich unter Wahrung evtl. bereits anderweitig beschlossener, regionalpolitischer Besonderheiten, wie sie im Landesentwicklungsplan festgehalten waren. Ost-West-Einkommensgefälle und Abwanderung insbesondere gut qualifizierter junger Menschen sind die großen Herausforderungen in meinem Bundesland. Folglich braucht man doch vor allem Projekte zur Schließung der Produktivitätslücke zwischen Ost und West – noch immer nur bei etwa 20 Prozent – und zur Begrenzung der Abwanderung Hochqualifizierter. Ergo, so meine Folgerung, wäre auch die einzelbetriebliche Wirtschaftsförderung entsprechend auszurichten.

Der politische Diskurs verlief parteiübergreifend ziemlich eindeutig im vorgeschlagenen Sinne. Schließlich waren Innovations- und Wachstumsorientierung der Politik ja auch der Grund für die Zusammenlegung des Wissenschafts- und des Wirtschaftsressorts zu einem Wissenschafts- und Wirtschaftsministerium in meinem Bundesland.

Die entsprechende Ausrichtung der Entscheidungsregeln wurde noch im Wahljahr 2011 in einer Novelle der GRW-Richtlinien des Landes umgesetzt und ab 2012 nach einer entsprechenden Übergangsfrist (für bereits vorliegende Anträge) angewandt. Die neuen Richtlinien enthalten beispielsweise in der einzelbetrieblichen Förderung bestimmte Ausschlussbestimmungen für wenig wachstumsverdächtige Projekte bzw. auch für Projekte, die bereits geförderte Unternehmungen kannibalisieren würden, auch für Projekte mit hohem Anteil an Zeitarbeitsplätzen. Die neuen Richtlinien enthalten außerdem ein Bonussystem, das heißt ein explizites Anreizsystem zur Entwicklung und Einreichung von besonders innovationsorientierten Projektanträgen. Beispielsweise steigert die Beschäftigung von besonders hohen Anzahlen und Anteilen besonders qualifizierter Mitarbeiter – die entsprechenden Indikatoren sind in den Richtlinien klar angegeben – die so genannte Förderquote, also den Förderanteil am Investitionsvolumen des jeweiligen Projekts (vgl. www.sachsen-anhalt.de/index.php?id=53338). Auch die Kooperation mit einer der Hochschulen des Landes wird mit einem Bonus belohnt. Und so werden unternehmerische Aktivitäten, die üblicherweise besondere Wachstumseffekte für das Land nach sich ziehen und in besonderer Weise geeignet sind, das Land attraktiv für hochqualifizierte junge Menschen zu machen, besonders gefördert. Andere Projekte werden nicht mehr oder deutlich schwächer gefördert.

Ökonomische Anreizlogik als Prinzip von Wirtschaftsförderung: Selbstselektion und Motivation zu gesellschaftlich sinnvollen Projekten

Das Fördergeschäft ist im Prinzip wie der Umgang mit Bewerbungen nach einer Stellenausschreibung: Schreiben Sie zu unspezifisch aus, so werden Sie mit einer Unmenge von großenteils nicht geeigneten Bewerbungen überschwemmt. Das ist einzel- und gesamtwirtschaftliche Ressourcenverschwendung, weil viel Mühe und Zeit in Sinnloses investiert werden. Außerdem ist es auch psychologisch schlecht, denn es weckt falsche Hoffnungen und führt zu Enttäuschungen. Das Erfolgsrezept ist, die Stellenausschreibung so zu formulieren, dass Sie nicht möglichst viele, sondern dass Sie genau die richtigen Bewerbungen bekommen. Die durch geschickte Ausschreibungsformulierungen induzierte Selbstselektion unter den potentiellen Bewerbern erspart allen Betroffenen unnötige Arbeit und Kosten. Genau so ist es auch im Fördergeschäft. Nicht nur, weil das Bearbeiten all der Anträge eine große Zahl von Förderexperten in der öffentlichen Verwaltung erfordert, sondern auch, weil es erhebliche betriebliche Kräfte bei den Unternehmen und ihren Banken bindet. Schließlich hängen an den Anträgen oft aufwendige und ausgefeilte Finanzierungskonzepte. Sinnlosen betriebs- und volkswirtschaftlichen Aufwand können gut gemachte Bewilligungsrichtlinien begrenzen. Sie motivieren also die »richtigen« Antragsteller zu gesteigerten Bemühungen im Sinne des Landes, während andere potentielle Antragsteller – zu Recht – von einer Bewerbung Abstand nehmen. Eine erste Auswertung der Bewilligungsdaten von 2012 im Frühjahr 2013 zeigte bereits, dass das Konzept aufzugehen schien: mit weniger Fördermitteln wurde eine deutlich höhere Investitionssumme mit zugleich mehr Arbeitsplätzen mobilisiert. Eine Auswertung weiterer Details auf einer besseren Datenbasis steht noch aus. Sie wird – auch das ist durchaus bemerkenswert – nicht von den beteiligten Behörden selbst, sondern durch ein Wirtschaftsforschungsinstitut mit entsprechender fachlicher Spezialisierung durchgeführt. Von dem Institut sind auch Hinweise zur Nachjustierung des Regelwerks erbeten. Auch dieses Vorgehen zur Evaluation ist ein Signal, transparent und regelgebunden arbeiten zu wollen.

Das alles ist angewandte Ordnungs- bzw. Regelökonomik in Reinform. Gerade in der Wirtschaftspolitik ist es wichtig, dass staatliche Akteure nicht ständig in einzelne Spielzüge eingreifen, beispielsweise indem sie Eigenkapitalgeber oder Bank spielen für Unternehmen, die ansonsten aus womöglich guten Gründen nicht als kreditwürdig eingeschätzt würden. Der Staat soll nicht »mitspielen« im täglichen Spiel der Wirtschaft. Staatliches Handeln soll sich vielmehr auf die Organisation, Anwendung und Durchsetzung von Spielregeln beziehen. Diese müssen zum einen auf gesellschaftlich anerkannten Prinzipien beruhen und zum anderen klar kommuniziert werden. Transparenz ist wichtig.

Konflikt: politische Macht im Einzelfall versus Regelbindung

Bei manch einem Politiker und Ministerialbeamten sind Verfahren, bei denen starke diskretionäre Entscheidungsspielräume im Einzelfall bestehen, sehr beliebt. Das Kalkül ist klar: man kann Vorteile gewähren und sich damit »Freunde« bzw. Stimmen kaufen. Dies Kalkül folgt der von Luhmann beschriebenen Logik. Ein aus der Ordnungsökonomik kommender Quereinsteiger sieht jedoch potentielle Wohlfahrtsverluste. Und man muss auch nicht wirklich glauben, dass Wähler so dumm und käuflich sind, wie manche Politiker zu glauben scheinen. Aber wie lässt sich dieses Rätsel um zwei jeweils scheinbar theoriegedeckte Handlungsmuster nun auflösen?

Synthese: Deskriptive und normative Theorie

Ich glaube der Schlüssel zur Lösung des Rätsels ist die Unterscheidung von deskriptiver und normativer Theorie. Luhmann will explizit nicht gestalten, sondern beschreiben und erklären. Hannah Arendt will jedoch auch gestalten – so unterstelle ich zumindest, wohl wissend, dass sie auch ihr Erkenntnisinteresse in ihrem Werk sehr betont. Aber in Erkenntnis *und* Gestalten liegt ja kein Widerspruch. Im Gegenteil: Gestalten setzt Erkenntnis voraus. Vorschnelles Gestalten ohne Erkenntnis wäre gefährlich. Dessen ist Hannah Arendt als große Denkerin jedoch unverdächtig. Und natürlich will sie uns auch helfen, die Welt ein kleines bisschen zu verbessern.

Politische Entscheidungszusammenhänge lassen sich zum Teil wohl wirklich besser mit Luhmann oder Public Choice-Überlegungen abbilden als mit rationaler Ordnungsökonomik. Das heißt aber nicht, dass die Ordnungsökonomik überflüssig ist. Vielmehr kann sie als Landkarte dafür dienen, wo wir – auch die aufgeklärte Öffentlichkeit – eigentlich hinwollen sollten. Mit Luhmann können wir beschreiben und verstehen, was geschieht. Mit Überlegungen zur regelgebundenen Organisation unseres Miteinanders, mit Politik im Sinne Hannah Arendts, können wir es dann vielleicht ein wenig besser machen.

Insofern kann Theorie selbst aufklärerisch sein. Und das ist ein Gedanke, der Hannah Arendt – soweit ich ihre Gedanken zuvor auch missbraucht haben mag – bestimmt gefallen würde.

Zitierte Quellen

Hannah Arendt: Vita Activa oder Vom tätigen Leben, 6. Auflage, München/Zürich (Piper), 1989.

Amartya Sen: Die Idee der Gerechtigkeit, München (C.H. Beck), 2010.

Christian Volk: Die Ordnung der Freiheit. Recht und Politik im Denken Hannah Arendts, Baden-Baden (Nomos), 2010.

Birger P. Priddat
Politisch werdende Märkte
Über eine andere Form direkter Demokratie

Ich komme aus einer ostpreußischen Unternehmerfamilie. Die Väter waren preußische Offiziere und ich wurde staatstreu erzogen. Als ich noch in den frühen 70iger Jahren Volkswirtschaft studierte, war die Welt klar strukturiert: d. h. staatswirtschaftlich. Wir wurden keynesianisch ausgebildet: Alles, worin Märkte versagten, musste wirtschafts- bzw. finanzpolitisch reguliert werden. Selbst wenn wir ›links‹ waren – und wir waren alle mehr oder minder ›links‹, wir waren staatszentriert. Wer sollte sonst die Planungen vollziehen, die wir von einer sozialistischen Gesellschaft erwarteten?

Das Verhältnis von Wirtschaft und Politik schien geklärt:
- gute Haushaltsführung, d. h. ausgeglichene Staatshaushalte;
- unabhängige Zentralbanken;
- die Keynes'sche Liquiditätsfalle war ein fast unmöglicher Sonderfall;
- regulierte Finanzmärkte (obwohl schon aus den USA seltsame Nachrichten bezüglich einer Deregulation kamen);
- Korruption war ein Thema der Justiz, nicht der Ökonomik;
- Steuergerechtigkeit war zumindest normativ geboten;
- Banken waren kreditvermittelnde Institute usw.

Die meisten Themen diese Liste waren implizite politische oder Staatsregulationsthemen. Wir glaubten noch an soziale Marktwirtschaft und Ordnungspolitik, d. h. an staatliche Regelungen, die als Rahmen für die darin freien Marktbewegungen galten. Wir wurden noch staatskonform erzogen, d. h. wir glaubten, dass der Staat in seiner wirtschaftlichen Ordnungsfunktion die allgemeine Wohlfahrt anzustreben habe. Wir waren die *good guys*, die den Betriebswirten die Schranken setzten, weil wir, als Volkswirte, politisch dachten. Doch irrten wir darin gewaltig. Vor allem, weil wir schlecht ausgebildet waren in der Kenntnis von Politikprozessen. Wir waren normativ fehlorientiert. Die ökonomische Theorie der Politik – die wir damals für modern hielten – suggerierte uns, dass die Politik wie ein Markt funktioniere (Politiker als *political entrepreneurs,* die Stimmen maximierten); das war der Fehler.

Wenn ich das so aufzähle, merke ich selber, von welcher seltsamen Welt ich ihnen erzähle. Ich wurde allerdings noch als Volkswirt gebildet, der die Wirtschaft nicht allein nach der Optimierung der Geschäftsinteressen der einzelnen Akteure begutachtet, sondern die allokative Effizienz als eine des Gemeinwohls ansah (der *general welfare*), dem sich Einzelinteressen gegebenenfalls unterzuordnen hatten. Wir waren eben nicht nur keine Betriebswirte, deren konkurrierenden Einzelinteressen uns eher suspekt vorkamen, sondern ausgebildet in der Kunst der politischen Ökonomie (auch wenn sie schon damals nicht so hieß), alle Interessen in einen Allokationszusammenhang zu bringen. Natürlich wussten wir von Kartellen, Oligopolen, Wettbewerbsverzerrungen, Ungleichverteilungen, auch von wachstumshemmenden Effekten überbordender Sozialstaatlichkeit etc. Aber das auszugleichen waren wir scheinbar ausgebildet: als eine Allokationselite.

Inzwischen verwenden wir den Ausdruck Volkswirtschaft nicht mehr, mein Fach hat sich in *economics* verwandelt. Die alten Ordnungskonzeptionen und -politiken werden als latent effizienzmindernd beiseitegelegt (oder müssen, über den Umweg institutioneller Regelungen, wieder neu erfunden werden). Einzelwirtschaftliche Optimierung ist inzwischen zu einem volkswirtschaftlichen Ziel geworden. Das liegt vor allem daran, dass *economics* als Effizienzhandeln für betriebs- wie für volkswirtschaftliche Bereiche gleichermaßen gilt. Als ob die Bereiche funktional identisch wären. Was sich geändert hat, lässt sich in folgenden – ausschnitthaften – Themen darlegen:

- Die eigentumsrechtliche Haftung von Unternehmen wird heute anders bewertet: Banken z.B. können mit minimalem Eigenkapital (3-7%) fremdes Geld über einen *leverage* bis zu 95% riskant anlegen, ohne im Fall des Scheiterns haften zu müssen. Selbst Eugen Fama, der gerade den Nobelpreis bekommen hat für seine *market efficiency theory*, hält 25% Eigenkapital bei Banken für nötig.
- Vorstände der Banken werden nicht zur Verantwortung gezogen: Jeder GmbH-Geschäftsführer, der diese Desaster moderner Banken zu verantworten hätte, säße für Jahre im Gefängnis. Das gilt auch für Konzernvorstände.
- Das ist schon eine ungeheure Änderung gegenüber dem, was ich gelernt zu haben schien. Es koppelt sich aber mit einem Phänomen, das ich bis heute nicht verstehe: Dass den maroden Banken, bevor sie in Insolvenz gehen, staatliche Bürgschaften und Darlehen gewährt werden (selbst Banken, die kein rentables Geschäft mehr machen). Entweder zahlen die Staaten direkt oder über den Umweg über Zentralbanken.
- Die Zentralbanken sind inzwischen politische Organe geworden. Das hängt damit zusammen, dass die Politik verstanden hat, dass Geld kein privates Gut ist, sondern dass das Zur-Verfügung-Stellen von Geld eine allgemeine Aufgabe ist – wenn das aber so ist, dann sind die Banken selber keine rein privaten Institutionen, sondern *de intentione* Körperschaften öffentlichen Rechtes und können sich nicht auf private Business-Strategien allein berufen. Das ist nicht so gemeint, dass Banken verstaatlicht werden sollten (was würde das auch nützen; mit den deutschen Landesbanken haben wir prekäre Versagensbeispiele), aber sie müssten Regeln unterstehen, die volkswirtschaft-

lich konstruiert sind: Geld ist schließlich ein staatlich zur Verfügung gestelltes öffentliches Gut, kein Privatgeld.

- Zudem ist es Banken erlaubt, Eigengeschäfte zu machen (mit fremdem Geld), obwohl ihre Funktion die der Kreditvermittlung ist.
- Allein dass die Finanzmärkte eine eigene Gewinnlogik entwickelt haben, ist volkswirtschaftlich seltsam: dass es optimaler sei, in Aktien, Bonds, Derivate etc. zu spekulieren, als den Unternehmen Geld zur Verfügung zu stellen, um Realinvestitionen zu tätigen. Wirtschaft ist mehr als Gewinnmaximierung, nämlich immer zugleich Beschäftigung, Einkommensermöglichung, gute Produkte etc. Wozu sonst betreiben wir Wirtschaft? Wenn das Geld aber – höherer Erträge wegen – im Finanzsektor bleibt, was ist das für eine Volkswirtschaft? Liquidität will Anlage, aber warum nicht im Realsektor? Weil die Finanzmärkte mehr Spekulationsgewinn bieten? Aber warum? Weil sie dereguliert sind? Aber warum? Will Geld ›natürlicherweise‹ mehr Geld? Aber was ist das für eine Marktfreiheit, wenn dadurch die Volkswirtschaften sich nicht so entwickeln, wie sie sich bei Anlagen in *real capital* entwickeln könnten? Was wir hier freigesetzt haben, ist eine seltsame Hybris, die sich nicht mehr mit Produktion, Einkommen, Beschäftigung rückkoppelt. Als Volkswirt verstehe ich diese Entwicklung nur als Fehlentwicklung (*financial growth versus real de-growth*). Sie ist atypisch, weitab von dem formatiert, was Marktwirtschaft als Versprechen immer aussagte: dass jede Investition immer auch eine Investition in Beschäftigung und *welfare* ist. Wir sind an einem Punkt angekommen, an dem der hypermoderne Kapitalismus nicht mehr die Marktwirtschaft trägt. Kapitalismus und Marktwirtschaft trennen sich. Ich möchte ihnen nur eine Idee davon vermitteln, dass wir nicht mehr von derselben Wirtschaft reden, obwohl wir das glauben, wenn wir die Begriffe verwenden.
- Staaten verschulden sich in einem Maße, wie es die Theorie, die ich lernte, für unmöglich gehalten hätte. Sie verschulden sich selbst über selbstgesetzte (EU)-Regeln hinaus. Die Steueraufkommen reichen in der BRD seit den 60iger Jahren nicht mehr aus, um alle Staatsausgaben zu erfüllen und zu finanzieren. Die politische Klasse aber will, offensichtlich aus Gründen der Wiederwahl, nicht auf Ausgaben und vor allem auf zusätzliche Ausgaben verzichten. Das Parlament ist nicht mehr souverän, weil es die Folgen abwälzt auf die nächsten Generationen. Das heißt, der Staat, den ich gelernt habe, gibt es nicht (mehr).
- Da die Staatsverschuldung über Anleihen/Bonds geschieht, die Banken aber den Vertrieb übernehmen, ist hier längst eine Koalition von Regierungen und Finanzwirtschaft eingegangen worden, die die Trennung der Bereiche, von denen ich aus meinem Studium ausgehen durfte, nicht mehr kennt.

- Hinzu kommt, dass Staatsanleihen inzwischen Spekulationsobjekte der Finanzmärkte geworden sind, so dass wir einen Zustand haben, den ich mir weder volkswirtschaftlich noch politisch vorstellen konnte: *dass es eine marktliche Staatsbewertung gibt,* begleitet von den Ratingagenturen, deren Bewertungen stark schwanken. Das hat ungeheure Auswirkungen, da die Politik jetzt auf die Finanzmarktbewertungen zu reagieren beginnt; sie ist nicht mehr marktunabhängig. Genauer gesagt: Neben der Evaluation durch die Wähler im Vier-Jahreshorizont gibt es eine zweite laufende aktuale Politikbewertung durch die Finanzmärkte. Wenn wir über direkte Demokratie diskutieren, diskutieren wir am falschen Ende, wenn wir über die direkte Demokratie der Bürger reden; faktisch haben wir längst den direkten Einspruch der Finanzmärkte bzw. deren *co-governance*. Das aber hat oligarchische Dimensionen.

Demokratie zweiter Ordnung

Abseits demokratischer Regeln nehmen Lobbys Einfluss auf die Politik. Die Interessen, die Verbände und Unternehmen gegenüber dem Staat vertreten, sind nichts weiter als Forderungen an die Politik, ihnen ihrer Bedeutung wegen besondere Privilegien einzuräumen. Warum weist der Staat diese Begehren nicht zurück, wo er doch dem ganzen Volk verpflichtet ist, und nicht nur einzelnen Teilen, deren Interessen organisiert werden? Ganz einfach – weil Verbände und Gewerkschaften ihren Mitgliedern sonst empfehlen würden, andere Parteien zu wählen, Unternehmen ihre Produktionen ins Ausland verlagern und Arbeiter entlassen würden. Wer Interessen verfolgt, nimmt auch Einfluss, droht und benimmt sich wie eine Partei, die, obwohl nicht legitim gewählt, als Quasi-Koalitionär mitregiert. Parteien, die darauf reagieren, und das tun alle, verletzen ihre Verfassungsaufgabe der »Volksvertretung«.

Diese Demokratie zweiter Ordnung hat sich längst eingerichtet. Nach den allgemeinen Wahlen konstituiert sich eine Regierung, die sich dann Teilen der Wähler gegenübersieht, die ihre ›zweite Stimme‹ abgeben. Damit wird das Ergebnis des allgemeinen Wahlprozesses durch Einflussnahmen auf den laufenden Politikprozess hintergangen. Interessenverbände und Unternehmensinteressen verhalten sich wie Koalitionspartner, die sich selbst in den Regierungsrand ›wählen‹. Diese Stimmen sind nicht demokratisch legitimiert, auch nicht durch einen internen Prozess in den Organisationen selbst – denn wo würde denn von den Mitarbeitern oder Mitgliedern über die Einflusspolitik abgestimmt? All das nützt nur dem Teil der Bevölkerung, die sich herausnimmt, dass ihre Interessen besonders bedient werden. Die Demokratie, wie wir sie kennen, ist ein Zwei-Klassen-System, aufgeteilt in die organisierten

Interessensvertretungen, die meist in Form von Lobbys agieren und der großen Zahl an Wählern, die »schweigend leiden«, wie es der amerikanische Wirtschaftswissenschaftler Mancur Olson einmal so treffend sagte.

Dieses illegitime Einflusskartell wird aber von vielen Bürgern nicht mehr hingenommen. Deshalb wird ja über den verstärkten Willen zur direkten Demokratie gesprochen, die als Forum der erweiterten Interessenvertretung derer verstanden wird, die bisher ausgeschlossen waren. Das wird zumindest als Störung und Unterbrechung der privilegierten Politik- und Wirtschafts-Absprachen gesehen. Die direkte Demokratie ist also ein Reflex auf die vorgelebte Einflusswelt der Interessenverbände. Was die wollen und bekommen, will man nun auf breiterer Wählerbasis auch bekommen. Mehr Partizipation, mehr Teilhabe, das heißt ja nichts weiter, als mehr Zugriff auf die Verteilungsfonds: der Realismus des Interessenvertretungsgeschäfts. Das ist direkte Demokratie in Reinform, wenngleich nur für ausgewählte Interessengruppen. Es heißt nur anders. Das Einflussgeschäft operiert unter der Bezeichnung *public affairs*. Ihre Ziele sind nicht mehr die relativ einflusslosen Abgeordneten und Politiker, sondern die relevanten Ausschüsse der Parlamente, die die Gesetze aushandeln, und die Verwaltungseinheiten, die Gesetze vorbereiten.

In den Demokratien kämpfen Interessenverbände darum, ihre Steuern (die ihre Mitglieder sowieso nur noch zum Teil zahlen) durch umverteilende Interessenfinanzierung zurückzubekommen. Das erklärt einen Teil der Aufblähung der Wohlfahrtsbudgets. Was die einen an Interessen durchgesetzt haben – direkte Transfers wie Subventionen sowie indirekte Transfers durch Steuerminderungen –, fordern die anderen auch – aus Gerechtigkeitsgründen, denen sich die Politiker nicht meinen erwehren zu können. So entsteht ein Kaskadeneffekt – immer neue Interessen formieren sich und werden bedient, weil man ja »allen gerecht« werden müsse. Der Widerspruch zwischen allgemeinem Wohl und Teilinteresse wird so aufgelöst, dass *peu a peu* alle sich anmeldenden Interessen bedient werden. Das wird als ›sozial‹ empfunden. Doch das ist es nicht. Aufgabe der Politik wäre es, gerade dort, wo Interessen bedient werden, die ausdrückliche Vertretung derer zu übernehmen, die sich nicht in ihren Interessenansprüchen organisieren – und das ist nach wie vor die Mehrheit der Wähler. Der Staat, als die Instanz des allgemeinen Wohls, gleichsam die natürliche Instanz der Interessen aller, müsste zwangsläufig deren Positionen stark machen gegen die, die sich ihren Einfluss drohend erzwingen.

Doch das wird dem Staat und seinen Politikern nicht mehr zugetraut. Wir haben keine Krise der Demokratie, wohl aber der Parteiendemokratie. Es entstehen an den Rändern immer neue Parteien, die spezifische Interessen formulieren werden, nach dem vorgelebten Modell der impliziten nun auch die ganz explizite Einflussnahme. Das überfordert die Regierungen.

Das sind nicht nur schlechte Nachrichten. Die Überforderung des Staates durch die Interessenspolitik erhöht die Chancen für die direkte Demokratie. Unser Zukunftsthema wird die Demokratisierung der Demokratie sein. Aber wie?

Wirtschaft, demokratisch. Reziproke direkte Demokratie

Die Staatsverschuldungen überfordern die Demokratien. Es gibt schon Sorgen, ob und wie die Demokratien das in Form wie Inhalt aushalten. Die Politik wird – 2012 – von technokratischen, nicht gewählten Regimen (EU, aber auch vordem Italien und Griechenland vorübergehend) durchgeführt. »Wenn sogar beim vermeintlichen Klassenprimus Deutschland die Notverordnungen aus Brüssel über Nacht im Finanzministerium eintrudeln, um dann samt Billiardenhaftungen morgens besinnungslos von einem überrumpelten Parlament abgesegnet zu werden, dann kann man das beim besten Willen nicht mehr demokratische Entscheidungsfindung nennen.« (D. Schümer, Europa schafft sich ab, in: FAZ Nr. 25/2012: 25, Sp. 2) Man befürchtet nationale Ressentiments, Politikverdrossenheit, das Aufkommen rechtspopulistischer Parteien etc. (Florian Hartleb in: Vorgänge Nr. 196, H. 4 Dez. 2011). Niemand traut der Politik noch – generell und nicht in guten Lösungen. Allmählich wird den Bürgern deutlich, dass die Politik gefangen ist von der Wirtschaft. Was bedeutet das für den Fortbestand der Demokratien? Welche Formen brauchen wir?

Die Abgeordneten der Parlamente müssen über Sachverhalte abstimmen, die ihnen nicht nur nicht bekannt sind, die sie kaum – oder gar nicht – verstehen, und das auch noch unter Zeitdruck, da die Entscheidungen, die in Brüssel vorbereitet werden, schnell generiert werden müssen, um den Finanzmärkten Paroli zu bieten. Ansonsten bewerten diese die Handlungs- und Politikfähigkeit durch Verteuerung der Staatsverschuldungen in einem Maße, das die Handlungsfreiheit der Politik zumindest einschränkt, weil mehr Zinsen auf das geliehene Geld gezahlt werden müssen. *De facto* erhöhen sich die Staatsschulden noch mehr, ohne dass ein Quäntchen mehr Ausgabenleistung erfolgen kann.

Die Politik, wenn wir diese Prozesse einmal so summarisch nennen dürfen, erfährt etwas, was sie bisher nicht kannte, nämlich dass nicht nur die Wähler sie bewerten (indem sie sie wählen oder abwählen), sondern ebenso die Märkte, genauer: die Finanzmärkte. Die Politik bekommt in den Finanzmärkten ein zweites Evaluationssystem. Führend erweisen sich darin die Ratingagenturen, die gerade einige europäische Länder abgewertet haben. Die Politik beginnt, darüber nachzudenken, die Ratingagenturen zu regeln. Aber dadurch wird die Tatsache nicht nivelliert: *Die Politik steht unter Beobachtung*. Gegen Italien, Griechenland, Portugal etc. bleiben die Finanzmärkte vorsichtig bis skeptisch, ob die neuen Regierungen tatsächlich reformieren und die Staatshaushalte in Ordnung bringen. Ankündigungen reichen nicht mehr; Taten werden bewertet. Hier nützt politische Rhetorik, anders als bei den Wählern, nichts. Das ist neu.

Darin verbergen sich zwei Probleme: (1.) dass die Politik zu langsam entscheidet (falls überhaupt) und (2.) dass sie, als demokratische Politik, heterogenen Ansichten über Lösungen ausgesetzt ist, so dass weder die Regierungen noch auch die Abgeordneten wissen, was zu tun sei. Die Abgeordneten fügen sich den Direktiven der Regierungen, weil sie meinen, deren Entschiedenheit nicht stören zu sollen, ohne aber zu wissen, was genau sie entscheiden. Die Regierungen fügen sich den Direktiven aus Brüssel, einer nicht unmittelbar demokratisch eingesetzten Instanz.

Diese Form des Nichtwissens, aus der heraus ständig Entscheidungen gefällt werden, ist neuartig, und zugleich problematisch; denn wir gehen klassischerweise davon aus, dass die gewählten Repräsentanten der parlamentarischen Demokratien entscheiden, was für das Wohl der Nation am besten geeignet sei. Dabei wird schlicht unterstellt, dass sie zwar differente Meinungen dazu haben, aber in ihren Meinungen und Interessen wissen, was sie wollen bzw. wollen können. Das erweist sich nun als Illusion.

Hat die Wirtschaft die direkte Demokratie nicht schon eingeführt?

Einige Kommentatoren sehen bereits eine Rückkehr vordemokratischer Herrschaftsformen (für die USA Francis Fukuyama: Wo bleibt der Aufstand von links? In: Spiegel Nr. 5 / 2012, 86 – 88; speziell 87 f.; auch Schümer). Formell entscheiden die Abgeordneten, informell aber die Regierungen (und ihre sie vorbereitenden Administrationen), was zu entscheiden sei. Die Regierungen und ihre Administrationen hängen ihrerseits wiederum am Beratertropf, der zum großen Teil lobbygenährt ist (vgl. Fukuyama 87 f.), weil es nicht ihre hervorragende Kompetenz ist, Wählern und Märkten gleichzeitig Rechnung zu tragen. Dieses mehrdimensionale Spiel ist die Politik nicht gewohnt, zumal die Märkte wie eine direkte Demokratie operieren: Sie fordern unmittelbare Lösungen, und reagieren unmittelbar (als ob jeder Tag Wahltag wäre).

Die klassischen Relationen zwischen Politik (Regierungen, Abgeordnete), Gesellschaft (Bürger, Wähler) und Wirtschaft (Ratingagenturen, Finanzmärkte) arbeiten unkoordinierbar bis konträr. *De facto* haben wir für die Finanzwirtschaft eine Form direkter Demokratie eingeführt, die den Bürgern jedoch noch verwehrt wird (mit dem Hauptargument, sie wären nicht in der Lage, komplexe Probleme optimal zu lösen – was freilich genauso für die Regierungen gilt). Die Finanzmärkte nehmen sich einfach die direkte Einflussnahme auf die Politik heraus, obwohl sie einen Teil des Problems darstellen, nicht die Lösung.

Darin werden die Abgeordneten, obwohl formell das Herz des Politikprozesses, in die Rolle unmündiger Bürger gedrängt, die eher nur noch akklamatorisch über längst in Brüssel vorbeschlossene Entscheidungsvorlagen abstimmen. »Jahrelang mag ein wackerer Volksvertreter für Ökostrom oder Milchsubvention, Pendlerpauschale oder Krippenplätze gestritten und dicke Bretter gebohrt haben, um dann zuzusehen, wie ein Vieltausendfaches der fraglichen Summen im Handstreich aus der Kasse gegriffen wird. Müssten sich nicht alle Abgeordneten von diesem ökonomischen Putsch entwürdigt fühlen?« (Schümer Sp. 2). Sie werden, wie die Bürger, als nicht fähig eingeschätzt, komplexe Probleme zu lösen. Sie sind es *de facto* auch nicht. Also gehen die Regierungen eher mit der Wirtschaft (ihren Vertretern, ihrer Lobby) in die Beratung, so dass wir eine Demokratie zweiter Ordnung bekommen, die mit einer Untermenge der Bürger (Wirtschaft) verhandelt, was gelten, was Gesetz werden soll. Die Gesellschaft/Politik-Relation wird durch eine Wirtschaft/Politik-Relation – jedenfalls teilweise – ersetzt: Eine oligarchische Tendenz.

Die aktiven Bürger holen die alten Ideen hervor und wollen die Bürger/Politik-Relation verstärkt sehen, während längst eine demokratieneutrale Politik/Wirtschaft-Relation arbeitet, um einigermaßen handlungsfähig zu bleiben in dem neuen Spiel ›wirtschaftliche Politikbewertung‹/›politische Reaktionsfähigkeit‹. Die demokratische Relation Bürger/Wirtschaft bleibt seltsamerweise unterbeschäftigt. Die Bürger wenden sich andererseits lieber im Rahmen der alten institutionellen Gepflogenheiten an den Staat, an die Regierung. Die Regierung/Staat soll alles regeln. Dass sich aber die Institutionen längst geändert haben, ist mental noch nicht registriert, nämlich dass die Regierungen keine absolute politische Souveränität mehr haben, sondern nur mehr noch eine relationale, und selber längst Mitspieler im Finanzmarktprozess sind – allein schon durch ihre politischen Entscheidungen, die Ausgaben wesentlich durch Staatschulden zu finanzieren statt über (ausgeglichene) Haushalte. Der Markt ist nicht ›über die Staaten hergefallen‹, sondern von ihnen eingeladen worden. Die Regierungen sind ein Teil des Finanzmarktes.

Sollten wir, anstatt den Staat zu bitten, nicht lieber die Wirtschaft selber drängen?

Wenn die Relation Politik/Wirtschaft dominiert, wäre es nur folgerichtig, auf der Bürgerseite mit einer neuen Relation Gesellschaft/Wirtschaft zu antworten, d.h. die Märkte selber unter Druck zu setzen, indem man z.B. in ihren Anlagestrategien nicht mehr mitspielt. Natürlich ist das, in einem globalen Finanzmarkt, nur ein nationales Teilspiel, aber allein so kann eine neue Regulation entstehen: dass die Finanzmärkte in ihrer Evaluation der Politik die Bürger mit evaluieren müssen, sich an deren Verhalten anpassen und so einen Druck von der Regierungs-Politik nehmen. Das erst hieße, sich als Bürger so souverän zu verhalten, wie es eine Demokratie im Grundsatz vorsieht – nunmehr aber nicht der Politik gegenüber, sondern der Wirtschaft gegenüber.

Denn die Wirtschaft hängt von den Evaluationen (der Nachfragen, des Konsums) der Bürger als Konsumenten und Investoren ab. Konsum ist ein Wahlakt, nicht nur der Güter, die man kaufen will, sondern zugleich der Unternehmen, die die Güter verkaufen. Indem wir konsumieren, treffen wir ständig Wahlentscheidungen über die Wirtschaft. Nur verstehen wir das nicht politisch, sondern – privatistisch bescheiden – ökonomisch, obwohl hier ein gesellschaftliches Machtpotential liegt. Die Bürgergesellschaft, die wir politisch diskutieren, beginnt unter den neuen Umständen bereits dann, wenn wir mit der Wirtschaft Politik machen. Und nicht über den Umweg der Politik, sondern bürgergesellschaftlich unmittelbar: als Kunden und Investoren. Das wäre die heute angemessene Form der direkten Demokratie – als Wirtschaftsdemokratie (nun aber nicht als alternative Form der Repräsentation und Delegation der Politik, sondern – wahrscheinlich netzbasiert – unmittelbar).

Die alte Formel: Bürger wählen Politik, diese reguliert die Wirtschaft, ist durch die neuen Verschiebungen nicht mehr vollständig zu halten. Bürger, so hieße die neuen Formel, ›wählen‹ die Wirtschaft, die sie haben wollen, durch Marktverhalten (das schöne deutsche Wort Verhalten hat ja zwei Konnotationen: Handeln und Nichthandeln, d.h. sich verhalten). Der Umweg über die Politik wird ausgelassen, denn die Politik muss sich mit der Wirtschaft arrangieren, allein um staatschuldenfähig zu bleiben. Die Politik kann sich erst daraus befreien, wenn die Haushalte konsolidiert wären (was wiederum illusorisch ist, denn die anstehenden Staatsausgaben: Infrastrukturen, Klima, Wasser, Energie, Bildung etc., lassen sich nicht durch die Steuereinnahmen allein begleichen). Man kann den Regierungen kaum vorhalten, dass sie sich darin bewegen. Aber man kann deshalb auch nicht mehr erwarten, dass sie zu demokratischen Relationen Bürger/Politik zurückkehren. Deshalb muss die Form der Politik sich ändern: *die Bürger wählen nicht mehr nur ›ihre Politik‹, sondern ›ihre Wirtschaft‹*. Dadurch ändert sich auch möglicherweise das Verhältnis von Wirtschaft/Politik. Wir reformieren nicht die Politik – ein unendliches, immer wieder scheiterndes Unterfangen –, sondern die Gesellschaft, indem wir das, was wir täglich – einkaufen – politisch tun.

Die Bürger sollen ihr Nichtwissen über die komplexe Politik/Wirtschaft-Relation nicht durch Lernen und Wissen beheben (das scheitert eben an der Komplexität), sondern durch Erhöhung der Komplexität für die Wirtschaft, die dann lernen wird, damit umzugehen. So würde der Gedanke, die ›ökonomische Bildung‹ zu verbessern (Lisa Becker, FAZ Nr. 26 / 2012, S. 9), einen ganz anderen Sinn bekommen: Dass wir verstehen lernen, ökonomisch gebildet, die Wirtschaft als Nachfrager ›zu regeln‹. Jörn Lamla spricht von einer »Verbraucherdemokratie« (Berlin 2013).

Wenn die Bürger die Wirtschaft ›wählen‹, d. h. das abwählen, was ihnen dort als zu einseitig die Politik beeinflussend erscheint, entsteht ein neues Gesellschaft/Wirtschaft-Verhältnis, das die Wirtschaft nicht ignorieren kann. Wenn die Umsätze sinken, weil Bürger bestimmte Teile der Wirtschaft nicht mehr nachfragen, ändern sich dort sehr bald die Strategien. Die Wirtschaft ist der lernfähigste Teil der Gesellschaft, wenn es um ihre unmittelbaren Interessen geht. Es wäre eine neue, sehr wirksame Form von politischer Ökonomie.

Wäre eine neue bürgerschaftliche Wirtschaftspolitik nicht politisch effektiver?

Niemand kann ein komplexes System überschauen oder vollständig verstehen. Aber man muss nicht passiv die Folgen hinnehmen, sondern kann aktiv andere zu Anpassungen zwingen. Eine starre Entgegensetzung von Markt und Staat ist unproduktiv; wir reden längst von einer triangulären Struktur: Markt, Politik und Bürger/Kunden (die Unternehmen haben das, indem sie CSR forcieren, halb schon verstanden). Das Spiel, das die Märkte mit der Politik treiben (und erfolgreich, viel erfolgreicher, als wenn Bürger die Politik evaluieren durch Wählen), spielen wir demnächst mit den Märkten, und zwar erfolgreich, weil die Märkte sich kaum erlauben können, die Zahlungsverschiebungen und -rückgänge ihrer Kunden zu ignorieren.

Erweitern wir das Handlungsfeld, das die Politik zwischen Bürgern/Wählern und Märkten längst eingegangen ist, auf die Relationen Bürger/Politik und Bürger/Wirtschaft. Eröffnen wir ein neues Interface. Machen wir die Ökonomie politischer. Glauben wir nicht mehr, dass die Wirtschaft nur Wirtschaft sei. Wahrscheinlich wird diese *Bürger-*

wirtschaft erfolgreicher sein als die bereits überforderte Bürgergesellschaft. Dazu brauchen wir auch keine Parteien, möglicherweise auch keine Piraten – wohl aber die *social networks*, die das thematisieren und organisieren können. Denn die Abstimmungen dieser ökonomischen Demokratie laufen täglich, über unsere gewöhnlichen Käufe. Man muss sich nicht mehr politisch – und gar dann noch ideologisch – engagieren, sondern wirtschaftlich, um politisch zu sein. Das alte Wort Wirtschaftsdemokratie bekäme endlich einen Sinn – als eine Wirtschafts-Politik in einem neuen bürgerschaftlichen Sinne: Verbraucherdemokratie. *Wir nehmen dann den Markt – politisch – ernst.*

Das ist nicht gegen den Staat, gegen die Regierung gerichtet: Der Staat bleibt eine notwendige Instanz, allein seine rechtliche Hoheit ist unverzichtbar. Aber seine Arbeit ist komplex, und vieles, was wir angezeigt haben, bleibt schwierig und einseitig. Die Bürgerwirtschaft, die ihr Verhältnis zur Wirtschaft – in gewisser Weise – selber regelt, entlastet den Staat. Wir befreien den Staat von unseren Überforderungen, die durch unsere unmäßigen Erwartungen entstehen. In dem Sinne ist die Bürgerwirtschaft eine angemessene Form der Bürgergesellschaft, die wieder in die eigene Hand nimmt, was vordem an den Staat delegiert war.

Diskussion

mit Dr. Jürgen Großmann, Dr. Anke Martiny, Prof. Dr. Birger Priddat und Prof. Dr. Birgitta Wolff unter der Leitung von Stephan Lohr[1]

Lohr: Meine Damen und Herren, wir haben in der Diskussionsrunde der Hannah-Arendt-Tage selten ein so gut durchmischtes Podium zusammensitzen gehabt, um dieses nicht ganz einfache Thema »Verbotene Liebe«, also die, wie es der Oberbürgermeister heute Morgen gesagt hat, schwierige und komplizierte Beziehung zwischen Politik und Wirtschaft zu erörtern. Wir haben einen Unternehmer bei uns, der in unterschiedlicher Weise tätig ist. Schließlich haben wir Frau Prof. Wolff in der Runde, die genau an der Schnittstelle von Politik und Wirtschaft im Parlament in Sachsen-Anhalt tätig war. Sie hat dankenswerter Weise in ihrem Vortrag – am Beispiel der Wirtschaftsförderung– darauf hingewiesen, welches dafür die Kriterien sind. Und selbst wenn man drei Kriterien berücksichtigt, wie Sie sie heute vorgestellt haben, wird die Entscheidung nicht unbedingt einfacher. Auch das haben wir gelernt. Und schließlich Herrn Priddat, der sich selbst in die Geschichte gestellt hat, nämlich in Bezug zu einem sich verändernden Beziehungsverhältnis von Wirtschaft und Politik. Schließlich und endlich Anke Martiny, die eine große politische Erfahrung repräsentiert – mit langjähriger Tätigkeit als Bundestagsabgeordnete und Tätigkeit im Parteivorstand der SPD – und den großen Reichtum ihrer politischen Erfahrung nicht nur über viele Jahre dem Kuratorium der Hannah-Arendt-Tage zur Verfügung gestellt hat, sondern sich auch ehrenamtlich bei »Transparency International« engagiert. Also einer Organisation, die genau darauf achtet, wo demokratiegefährdende Kommunikationsprozesse entstehen, die verdeckt bzw. nicht offen sind und bei denen nicht-legitimierte Interessen überhand nehmen gegenüber Interessen, die von denen wahrgenommen werden, die gewählt werden. Deswegen, Anke Martiny, die erste Frage an Sie: Wir haben bei Herrn Priddat etwas gelernt, was doch bei Ihnen alle Alarmglocken hat läuten lassen, nämlich, dass es das Problem der Zeiträume bei rasch notwendigen Entscheidungen und Interventionsnotwendigkeiten gibt, wo Akteure schneller zu einer Entscheidung kommen müssen, als es der parlamentarische Betrieb erlaubt. Wie lösen wir dieses Problem, weil es bei diesen Entscheidungen manchmal auch um gewaltige Summen mit gewaltigen Auswirkungen geht?

1 Die Diskussion wurde transkribiert von Florian Grawan.

Martiny: Einfache Lösungsmöglichkeiten gibt es nicht. Das Tempo hat sich gegenüber früher enorm gesteigert. Während meiner Zeit im Parlament gab es das aber auch schon. Damals hatten sich über Steuerfragen wie zum Beispiel die ominöse Flugbenzinregelung die Parteivorsitzenden von CDU/CSU und FDP auf einen bestimmten Koalitionskompromiss geeinigt. Die entsprechenden Ausschüsse im Parlament, die das eigentlich beraten mussten, bekamen die Vorlagen erst am Morgen auf den Tisch und hatten gar keine Zeit, diese zu lesen. Und es war völlig klar, dass die Mitglieder der Regierungsfraktionen so abstimmen mussten, wie die Regierung wollte. Das ist schlecht, weil der Sachverstand des Parlamentes dabei auf der Strecke bleibt. Und Aufgabe des Parlamentes ist es doch eigentlich, die Regierung zu kontrollieren. Ich glaube, dass es wichtig ist, die parlamentarische Beteiligung stärker sicherzustellen und in bestimmten Fällen zu sagen: Es geht nicht so schnell. Und zusätzlich muss man natürlich heute die Qualifikation des nicht-parlamentarischen Raums sehr viel stärker einbeziehen, als es in der vergangenen Zeit der Fall war. Alles was im Sektor der Nichtregierungsorganisationen passiert, ist öfter sehr viel praxisnäher und sehr viel näher an der Differenziertheit der Entscheidung. Das muss sich im öffentlichen Bewusstsein verankern, weil die Parteien und die Gewählten im Parlament nur noch für höchstens zwei Drittel der Wahlbevölkerung stehen. Es gibt viel gesellschaftlichen Sachverstand, der sich außerhalb des Parlamentsbetriebs artikuliert.

Lohr: Aber es bleibt dieses Problem der Beschleunigung vieler Prozesse, insbesondere im Banken- und Wirtschaftssystem. Herr Priddat hat das ja ganz deutlich gemacht. Übrigens mit einer Schlussfolgerung, bei der ich auch gerne wissen würde, wie diese Ihnen gefällt. Auch Herr Priddat hat eigentlich eine ganz positive Definition der Lobbytätigkeit angeboten, indem er gesagt hat, der beamtete Sachverstand in den Ministerien und Institutionen des Staates, also der verwalteten Politik, lässt sich nicht so schnell erneuern. Also bedarf es der Beratung von außen, um angemessen auf dem Stand einer Entscheidungsfähigkeit zu sein.

Martiny: Ja, die muss in jedem Fall transparent sein.

Lohr: Was heißt transparent?

Martiny: Das will ich gern kurz sagen. Das hat mir auch in dem Vortrag von Frau Wolff gefehlt. Wenn man auf der einen Seite sagt, man will externe Beratung mit hineinziehen und man braucht ein Anreizsystem, damit das funktioniert, braucht man auf der anderen Seite auch Sanktionssysteme. Wenn man sich für einen Lobbyismus einsetzt, dann muss nicht nur erklärt werden, wer als Lobbyist bezahlt wird, sondern dann muss vor allem gesagt werden, wer die Lobbyisten bezahlt und wofür. Deshalb gibt es sowohl auf der nationalen Ebene als auch im europäischen Rahmen den Ruf nach einem Lobbyisten-Register. Wer da alles kreucht und fleucht und mit den Parlamentariern redet, der muss sich bitte registrieren lassen und sagen, für wen er kommt und was er will. Dagegen wehrt sich natürlich die Wirtschaft.

Lohr: Frau Wolff, wollen Sie das direkt beantworten?

Wolff: Ja, ich habe zur Einbeziehung externer Expertise eigentlich gar nichts gesagt. Mein Thema war eher umgekehrt: Wie kann man das Handeln der Politiker, wenn sie in die Wirtschaft hineinfunken, regulieren? Es ging gar nicht um die umgekehrte Denkfigur. Das war eher das Thema von Birger Priddat. Und »Anreizsysteme« ist ein Terminus technicus. Da geht es nicht nur um Belohnungen, sondern da können durchaus Sanktionen Bestandteil sein. Insofern kann ich Sie da beruhigen.

Martiny: Aber eben an den Sanktionen fehlt es. Ich will ein Beispiel aus meinem Arbeitsgebiet bei »Transparency International« geben, wo ich überwiegend im Bereich Gesundheit und Pflege tätig bin. Wenn man sich da anschaut, wie mit Bonussystemen die Quote der Operationen hochgeschraubt wird und wie im Laufe weniger Jahre der Anteil von Kaiserschnitten zugenommen hat, bloß weil die Krankenkassen dafür mehr bezahlen als für eine normale Geburt, dann sind das eben Anreize, welche absolut kontraproduktiv sind.

Lohr: Herr Großmann, es gibt zwei wesentliche Felder ihrer unternehmerischen Lebensleistung: Zum einen die Georgsmarienhütte Holding GmbH, wo Sie ein marodes Unternehmen erworben haben und daraus wieder ein Unternehmen gemacht haben, welches Ihnen großen wirtschaftlichen Erfolg und hohe Anerkennung von der hier heute häufig zitierten Politik gebracht hat. Sie repräsentieren aber auch die Erfahrung eines wesentlichen deutschen Managers der Energiewirtschaft, der im Zentrum eines Politikumbruchs unter dem Eindruck von Fukushima stand. In so nicht zu erwartender Weise hat die Bundesregierung um 180 Grad umgesteuert: Von der gerade beschlossenen Laufzeitverlängerung wurde auf den Atomausstieg umgestiegen. Das war natürlich, behutsam gesagt, keine einfache Situation für den Vorstandsvorsitzenden von RWE.

Großmann: Da könnte ich einfach nur »ja« sagen. Aber sie wollen sicher ein bisschen mehr Erläuterung dazu haben. Zunächst möchte ich dem Oberbürgermeister für die freundliche Begrüßung danken. Er hat den *Energiepolitischen Appell* als Lobbyarbeit bezeichnet. Also transparent war er auf jeden Fall, denn er stand in jeder Zeitung. Aber dass er diesen als Lobbyarbeit sieht, ist vielleicht eine Definitionsfrage. Was war die Situation zu Beginn der letzten Legislaturperiode? Es waren drei Parteien gewählt worden, die alle die Laufzeitverlängerung für Kernkraftwerke in ihrem Wahlprogramm hatten: CDU, CSU und die FDP. Ja, es steht in allen drei Wahlprogrammen drin. Und nach dem Wahlsieg der schwarz-gelben Koalition kam eine Periode der Untätigkeit. Man beschloss erst mal, auf die Landtagswahlen in Nordrhein-Westfalen zu warten und bis dahin an der Energiepolitik nichts zu ändern. Nachdem die Wahl gelaufen war, ist im Sommer diese Anzeige [zur Energiepolitik] geschaltet worden. Übrigens nicht von den vier großen Energieversorgern. Es haben sich über dreißig Personen daran beteiligt. Das ging von Herrn Ackermann von der Deutschen Bank bis zu Otto Schily, der immerhin Minister in der Regierung Schröder war, welche seinerzeit den Atomausstieg beschlossen hat. Die Kernenergie stand in dieser Anzeige, wenn ich mich recht entsinne, erst an Punkt vier. Es wurde gesagt, wir müssten unser Energiesystem auf erneuerbare Energien umbauen. Aber, um die Kosten erträglich zu halten, sollten wir die Kernenergie so lange nutzen, wie es technisch möglich ist, diese sozusagen als Brücke benutzen, um die erneuerbaren Energien zu finanzieren. Das war der eigentliche Inhalt dieser Anzeige. Frau Merkel kannte diese Anzeige, lange bevor sie geschaltet wurde.

Es gibt nicht nur die Einflussnahme der Wirtschaft auf die Politik, sondern auch der Politik auf die Wirtschaft. Die Kanzlerin bat dann darum, das Erscheinen dieser Anzeige etwas zurückzustellen, weil sie im Herbst des Jahres 2009 eine energiepolitische Initiative machen und verschiedene Bundesländer besuchen wollte. Ich war zufällig ihr Gesprächspartner, da ich damals der Wortführer der Gruppe der großen Versorger war. Wir haben den Wunsch von Frau Merkel dann akzeptiert und entschieden, die Anzeige nach dem Sommer zu schalten. Uns war wichtig, dass sich dieses Themas angenommen wird. Alles war höchst transparent. Die Politik hat den Gesprächsfaden aufgenommen. Als der Tsunami kam, der Auslöser für die Katastrophe in Fukushima war, gab es ja erst das Moratorium. Zu dem Zeitpunkt sollte geprüft werden, ob die deutschen Kernkraftwerke sicher waren. Zu dieser Zeit war die Berichterstattung über Fukushima in Deutschland, glaube ich, die stärkste auf der ganzen Welt. Ich habe eine Statistik gelesen, dass über 40% aller Artikel über Fukushima weltweit in Deutschland erschienen sind.

Lohr: Was doch ein erfreulicher Sachverhalt ist?

Großmann: Ja, wunderbar transparent. Die Frage ist, ob stets wirklich richtig zutreffend und zielführend informiert wurde. Ich will das Thema kurz abschließen. Also am Ende gab es dann eine Ethikkommission.

Demzufolge stand nicht mehr die eigentliche Sicherheitsüberprüfung, die ja durch Kommissar Oettinger für die gesamte EU stattgefunden hat, im Vordergrund. Da sind alle deutschen Kernkraftwerke, auch die mittlerweile stillgelegten Kraftwerke, in der besten Gruppe rausgekommen. Von den 430 Kernkraftwerken auf der Welt, waren alle deutschen bei den circa 60 besten. Insofern ist folgend eine politische Entscheidung gefällt worden. Ich darf ganz kurz daran erinnern: Der damalige Wirtschaftsminister Brüderle hat bei einer Interessenvertretung der Wirtschaft, beim BDI, die wahren Beweggründe des Atomausstiegs genannt. Aus dieser nicht-öffentlichen Sitzung wurde geleaked. Daraufhin musste er zurücktreten. Also wenn ich das rein utilitaristisch sehe, dann hat Frau Merkel genau das erreicht, was sie wollte. Sie hat den Grünen ein Alleinstellungsmerkmal genommen. Das hat sich dann ja auch ausbezahlt. Die Kernenergie ist in Deutschland kein Thema mehr. Die Energiewende wird aber noch eine Zeit lang Thema bleiben, weil sich im Moment noch keiner damit beschäftigt hat, wie wir die Kosten eindämmen können.

Lohr: Aber wenn wir über das Verhältnis von Wirtschaft und Politik sprechen, ist dies doch ein Beispiel von großer Öffentlichkeit. Ein Beispiel, welches auch durch die große emotionale Betroffenheit der Menschen ausgelöst wurde. Aber das war schon damals bei Tschernobyl so. Das lag uns näher, weil die Wolke auch über Europa westwärts zog. Aber trotzdem hatten diese Bilder von Fukushima etwas einprägsames und ich glaube, die relative Popularität von Angela Merkel hat auch etwas damit zu tun, dass sie genau diese Gemengelage, neben dem politischen Kalkül, bei den Menschen zum Thema gemacht hat. Dieses Thema war in der Politik monopolmäßig sehr lang bei den Grünen beheimatet. Daher ist das doch ein wunderbares Beispiel. Können wir das nicht als ein produktives Beispiel gegenseitiger Korrektur von politischer Entscheidung und wirtschaftlichem Kalkül werten, in dem auch die Wirtschaft mal die Erfahrung machen muss, einer kurzfristigen, unter Planungsgesichtspunkten überraschenden, politischen Entscheidung ausgesetzt zu sein?

Großmann: Unser Thema ist ja »Verbotene Liebe«. Ich bin kein Jurist. Ich glaube, es gibt relativ wenig »Verbotene Liebe« nach Strafgesetzbuch. Ich glaube, keiner der Tatbestände, die das Strafgesetzbuch für »Verbotene Liebe« definiert, liegt zwischen Wirtschaft und Politik vor. Dennoch sollten wir das Beispiel etwas sezieren. Da sind auf der einen Seite direkt betroffene Unternehmen, die durch staatliche Entscheidungen in ihrer Profitabilität und Gangbarkeit beeinträchtigt werden. Also wenn Sie als Vorstandsvorsitzender von RWE einige tausend Mitarbeiter in Kernkraftwerken haben und wenn Sie viele Aktionäre haben, die Dividenden aus dem Betrieb der Kernkraftwerke erwarten, dann haben Sie nach Aktienrecht die Pflicht, sich um diese Mitarbeiter und Aktionäre zu kümmern. Da haben Sie gar keine Wahl. Auf der anderen Seite ziehe ich mir mal meinen Hut als Stahlunternehmer auf. Als verantwortlicher Wirtschaftstreibender in diesem Staat interessiert Sie im Prinzip nicht, ob das Elektron in ihrem Netz aus einem Kernkraftwerk oder aus einem Windrad kommt. Sie interessieren die Versorgungssicherheit, der Preis und natürlich die ökologische Verträglichkeit. Aber das regelt der Staat ja an anderer Stelle. Nun frage ich: Hat nicht die Wirtschaft auch das Recht, den Staat darauf hinzuweisen, dass staatliches Handeln die Wirtschaft stark beeinträchtigen kann? Und zwar bei Investitionsentscheidungen und bei allem Möglichen anderen. Der Staat macht unsere Infrastruktur. Die neue Bundesregierung legt große Infrastrukturprogramme auf, deren Anwendung derzeit nicht klar definiert ist. Aber diese Programme, die vom Staat aufgelegt werden, werden die Wettbewerbsfähigkeit von vielen Standorten berühren. Zum Teil positiv und zum Teil negativ. Insofern hat doch die Wirtschaft auch eine Pflicht, dem Staat zu sagen: Wenn du in wirtschaftliches Handeln eingreifst, dann gilt: Quidquid agis, prudenter agas et respice finem, also was auch immer du tust, tue es klug und denk daran, wie es wirkt. Schau dir das Ende an, also den Effekt. Und da sehe ich die Wirtschaft in einer Informationspflicht. Das ist keine Lobbypflicht, sondern eine Informationspflicht.

Lohr: Gegenüber der Öffentlichkeit?

Großmann: Und dem Staat.

Lohr: Ja. Herr Priddat, da sind Sie gefragt. Auf der Basis dessen, was Sie uns heute Vormittag erläutert haben: Ist das ein eher ungewöhnliches Beispiel gewesen, weil es so spektakulär ist? Ist das ihrer Meinung nach von Herrn Großmann richtig referiert? Also etwa mit solchen aufgelegten Programmen, wie sie jetzt wahrscheinlich bei den Koalitionsverhandlungen in Berlin eine Rolle spielen. Ich glaube, Sie haben auch auf die Brücken hingewiesen? Da schlummert ja in der Tat ein gewaltiger Investitionsstau. Ist das so ungewöhnlich oder gehört das zum Geschäft dieser komplizierten Beziehung?

Priddat: Sie meinen jetzt die Energiewende selber?

Lohr: Nehmen wir mal das konkrete Beispiel *dieser* Energiewende: Wo werden geplante Unternehmensstrategien durch die Politik sehr stark konterkariert?

Priddat: Ja. Wir haben uns alle auf die Verlängerung eingestellt. Wir haben uns alle auch auf einen langsamen Umbau eingestellt. Und das finde ich auch sinnvoll. Der langfristige Umbau der Energieversorgung ist völlig unstrittig. Aus der Konstellation mit der Angst und politischer Strategie gekoppelt. Also da sind drei Dinge gekoppelt. Und natürlich hat Frau Merkel gesehen, dass sie die Grünen langfristig aushebeln kann, wenn sie das Thema auf den Tisch bringt. Nur die Kosten, also sozusagen die Planung, was heißt das eigentlich? So schnell eine neue Struktur zu entwerfen, ist natürlich nicht kalkuliert worden. Ich habe sozusagen nicht mit Leuten, die involviert waren, geredet, aber ich kenne Kollegen, die in den Prozessen drin waren. Da gab es keinen Plan B. Und das geht nicht. Man kann so einen Schritt nur machen, wenn ein Plan B vorhanden ist. Wenn man weiß, dass es bestimmte Kosten hat, aber machbar ist. Nach meiner Einschätzung läuft die Kostenkalkulation erst jetzt. Aber in dem Sinne würde ich sagen: So was erleben wir selten, weil das die Komplexität erhöht. Die Politik hat Komplexität genug und muss gucken, wo sie eingreifen kann. In dem Moment wo sie das erhöht, würde ich sagen: Das erleben wir selten und das ist eine Ausnahme. Das ist eine Ausnahmesituation, die auch niemand erwartet hat und deshalb so überraschend war. Jetzt kommt aber Folgendes: In dem Moment, wo man merkt, dass man mit Überraschungen Politik machen kann, wird das wahrscheinlich ein Modell. Also jetzt nicht unverantwortlich. Aber dass man überlegt, damit kann man ja eine Menge bewegen, wenn man das klug nutzt.

Lohr: Danach werden wir gleich Frau Wolff fragen. Anke Martiny hat aber Widerspruch signalisiert.

Martiny: Herr Priddat, Sie haben einen wesentlichen Schritt ausgelassen. Zunächst hat ja die schwarz-gelbe Regierung 2009 das alte rot-grüne Konzept, das einen geregelten Ausstieg aus der Kernenergie im Lauf von zwei Jahrzehnten vorsah, gekippt. Dass es später zu dieser Ad-hoc-Entscheidung als »Umkehr von der Umkehr« gekommen ist, war nur auf den schrecklichen Reaktorunfall in Fukushima zurückzuführen. Es gab davor einen vernünftigen, überlegten und mehrheitlich parlamentarisch abgesegneten Ausstiegsplan. Das wollte ich nur in Erinnerung rufen.

Lohr: In der Tat müssen wir das bedenken. »Verbotene Liebe« hat viele Nebenfelder. Dass wir natürlich immer vor dem Hintergrund einer sich bewegenden politischen Debatte reden und die Entscheidungsgrundlagen und Entscheidungslegitimationen sich jeweils unterschieden. Frau Wolff, Sie waren ja in der fraglichen Zeit, also in der zweiten Hälfte dessen, was berichtet worden ist, in Sachsen-Anhalt Wirtschaftsministerin. Wie kommen solche Entscheidungen von nationaler Bedeutung und mit internationalen Auswirkungen zustande? Wie haben diese in die Wirtschaftspolitik des Landes Sachsen-Anhalt, die sie damals zu vertreten hatten, eingegriffen; oder sind daran vorbeigegangen; oder welche Beteiligungsmöglichkeit im Feld zwischen Wirtschaft und Politik hatten Sie und ihr Ressort?

Wolff: Das ist in der Tat eine sehr spannende Frage. Ich habe eben, als Herr Dr. Großmann sprach, daran gedacht, dass ich als Wirtschaftsministerin ja auch Energieministerin war. Allerdings war ich nur für einen Teil der Thematik zuständig. Denn alles was erneuerbare Energien betraf, lag im Umweltministerium. Nun haben wir in Sachsen-Anhalt das große Glück, dass beide Ministerien politisch in derselben Hand sind und auch innerhalb der Koalition, die wir dort haben, keine Dispute dazu bestehen. Wenn aber die beiden Teilbereiche wie im Bund in unterschiedlichen Händen sind, können auch unterschiedliche Strategien oder auch Ideologien durchschlagen. Dann haben sie ja schon eine Ausgangskonstellation, bei der nicht zu erwarten ist, dass da eine kohärente Politik gemacht wird. Bei der Energiewende kam hinzu, dass wir hier einen echten exogenen Schock im Sinne von Mancur Olson hatten. Durch den Blitzbeschluss zum Ausstieg aus der Kernenergie wurde die institutionelle Sklerose, die wir ja da im gemütlichen bundesdeutschen Energietrott hatten, aufgebrochen. Es kam zu Entscheidungen, die nicht mehr konsistent waren. Wir hatten alle möglichen Brüche. Brüche sind auch immer Chancen, bergen aber auch Risiken. Schauen wir einmal auf das Erneuerbare-Energien-Gesetz (EEG). Aus meiner Sicht ist das ein typisches Beispiel für Politik, die gut gemeint, aber handwerklich schlecht gemacht ist. Das haben wir ganz häufig, so nach dem Motto »the road to hell is paved with good intentions«. Das EEG ist inzwischen Opfer seines eigenen Erfolgs geworden. Es hat dazu geführt, dass tatsächlich ganz viele in Solarmodule, in Windenergie und in Biomasse investiert haben. Das wiederum hat dazu geführt, dass wir in einzelnen Regionen relativ schnell eine ziemliche Überversorgung aus erneuerbaren Energien hatten. Es wurde nicht kohärent geplant; das zeigt sich beispielsweise am nachhinkenden Netzausbau. Auch das Thema Energiespeicherung war lange unterbelichtet. Politiker und Bundesnetzagentur wirkten da teilweise eher ratlos. Wir hatten beispielsweise in der Altmark schon vor Jahren einen hohen Überversorgungsgrad an erneuerbarer Energie, und die Altmärker haben ganz stolz gesagt: Wir haben eine Überproduktion, wir können exportieren. Da musste man dann dagegenhalten, dass uns das überhaupt nicht hilft. Im Gegenteil: Es destabilisiert nur das System insgesamt noch weiter. Ganz viel erneuerbare Energie hilft uns nur dann, wenn die Region wirklich autark wird, in dem Sinne, dass man sie vom großen Netz abklemmen kann. Das ging aber gerade nicht, denn der überschüssige Strom sollte ja ins allgemeine Netz eingespeist werden. Das wollen andere Regionen natürlich auch, weil die Sonne ja woanders zufällig gleichzeitig scheinen oder der Wind gleichzeitig blasen kann. Und zu anderen Zeiten, wenn die Sonne nicht scheint und der Wind nicht bläst, gibt es eine Unterversorgung. Dann wollen alle wieder Strom aus dem Netz ziehen. Und wenn viele das gleichzeitig wollen, weil die volatile erneuerbare Energieversorgung an vielen Orten gleichzeitig nicht genug liefert, dann haben wir auf einmal auch Atomstrom aus Frankreich, Tschechien oder Österreich im Netz. Ist alles so passiert. Und das ist ja wohl genau nicht das, was durch den deutschen Atomausstieg beabsichtigt sein kann. Dies ist ein klassisches Beispiel dafür, wie eine komplexe Thematik, die hohes fachliches Geschick erfordert, handwerklich nicht gut angegangen worden ist. Und nun muss korrigiert werden.

Lohr: Ich würde gerne über diesen Begriff der »kohärenten Politik« einen Moment nachdenken. Auf Basis dessen, was Sie gerade ausgeführt haben und was wir vorhin von Herr Großmann erfahren haben, nämlich dass der unternehmerische Blick darauf aus ist, zu sehen, dass die Versorgungssicherheit gewährleistet ist, die Mitarbeiterbeschäftigung sicher ist und der Preis stimmt. Das war jetzt am Beispiel der Energiewirtschaft. Aber es gilt, denk ich, auch in anderen Branchen. Mir fehlt ein Stück weit die gesellschaftliche Kategorie. Da haben Sie so gesagt: Das löst die Politik auf anderen Feldern oder auf andere Weise. Frau Martiny oder Herr Priddat: Ist diese Leistung, neben der eigenen natürlich optimal zu erreichenden Wirtschaftsquote, nicht auch von den Unternehmen zu erwarten, nämlich diese gesamtgesellschaftlichen Fragen zu beantworten oder zumindest zu erörtern?

Martiny: Ja, der gesellschaftliche Rahmen hat mir an der Debatte bisher auch gefehlt. Ich denke, dass in der Gesellschaft das Bewusstsein derer, die da nun regiert und parlamentarisch vertreten werden, ein anderes ist. Wir haben die Wahrnehmung: Wirtschaft und Politik, das ist *ein* Komplex, den knackt keiner und da kann man sowieso nichts machen. Das hat einerseits dazu geführt, dass eine ganze Reihe von Nichtregierungsorganisationen entstanden sind, die jetzt bestimmte Vertretungsrechte für diese Nicht-Vertretenen wahrnehmen. Da könnte man einige aufzählen: Food-Watch, Finance-Watch, Abgeordneten-Watch oder auch Transparency International Deutschland. Andererseits ist gesellschaftlich die Frustration gewachsen, der geballten Macht von Wirtschaft und Politik ohnmächtig gegenüberzustehen. Ich war vierzehn Jahre lang Mitglied des Wirtschaftsausschusses des deutschen Bundestages, habe aber immer die vertreten, die die Nachfrageseite ausmachen. Die Nachfrage bestimmt 50 Prozent des Bruttosozialprodukts. Nur die andere Hälfte sind Investitionen. Mich hat es nie interessiert, ob sich Investitionen rentieren. Das sollen die Unternehmer bitte unter sich ausmachen. Mich hat aber sehr wohl interessiert, ob der Markt beispielsweise das Allheilmittel für die Daseinsvorsorge ist. Kann der Markt Bildung regeln? Kann er Altenheime regeln? Kann er Gesundheitsversorgung oder kann er eine Energieversorgung regeln, die es auch für Sozialhilfeempfänger möglich macht, eine Strompreissteigerung zu verkraften? Da müssen sich Politiker und Wirtschaftsleute sehr viel stärker mal fragen, ob der alte Adam Smith vielleicht wieder mehr zur Geltung kommen sollte – dass nämlich der Markt für die Leute da ist und nicht die Leute für den Markt.

Lohr: Herr Großmann.

Großmann: Das klingt alles sehr plakativ und so-

Lohr: Na, aber-

Großmann: Augenblick, lassen Sie mich doch bitte ausreden. Ich komme zu dem, was Sie gesagt haben, sicher gleich auch noch mal. Dazu fällt mir auch noch etwas ein. Der einzelne Unternehmer versucht sowohl in seinen Beschäftigungskonditionen, die er seiner Belegschaft gewährt, als auch bei den Investitionen und beim Betrieb seiner Anlagen gesetzeskonform zu sein. Sie können von einem Stahlwerk nicht erwarten, dass es an der Abwasserrichtlinie rumbastelt. Man guckt sich an: Was sind die Richtlinien? Dann fragt man: Was ist technisch möglich? Als wir zum Beispiel in Georgsmarienhütte das neue Stahlwerk gebaut haben, da waren 20 Milligramm Staub pro Normalkubikmeter Abgas erlaubt. Ich habe gesagt: Was ist technisch möglich? Es waren drei oder vier Milligramm. Dann habe ich gesagt: Dann bauen wir auf das Ziel drei oder vier. Also sieben Mal so gut, wie wir an sich hätten sein müssen. Das tut der Unternehmer schon. Aber er wird sich wahrscheinlich nicht Gedanken machen können, wie er das Regelwerk beeinflusst. Denn dann hat er nicht genug Zeit für seine anderen Aufgaben. Im Gesundheitswesen, da sagen sie: Ja, da können wir doch keinen Wettbewerb zulassen. Wozu hat das denn geführt? Das hat dazu geführt, dass bei manchen AOKs die örtlichen Leiter mehr verdient haben, als ein Staatssekretär in der Bundesregierung. Ist das denn richtig? Wer korrigiert das? Da ist der Markt schon ein ganz gutes Korrektiv. Deshalb sollte man schon versuchen, die Marktkräfte auch da wirken zu lassen, damit Leute eine Wahlmöglichkeit haben zwischen bestimmten Versicherungen. Durch Wettbewerb lässt sich eben die Leistungsfähigkeit auf der Versicherungsseite steigern.

Lohr: Frau Wolff. Direkt dazu?

Wolff: Direkt dazu. Ich finde, dass Politiker sich sehr wohl dafür interessieren sollten, wie sich ihre Entscheidungen auf die Rentabilität von Investitionen auswirken. Denn genau das ist das Problem: Viele Politiker denken nicht so weit. Sonst hätten sie nämlich antizipieren können, dass das EEG ein zweifelhafter Erfolg wird. Für die hohen Einspeisevergütungen investieren eben sehr viele in die Produktion alternativer Energien. Aber für das, was nicht subventioniert wird, nämlich Netz oder Speicher, interessiert sich niemand. Ich finde, das gehört zum Handwerk der Politik: zu antizipieren, wie sich staatliche Regelungen auf das Verhalten der Akteure auswirken. Wir haben immer Anreizsysteme. Jede Situation, die wir haben, in der es Regeln gibt, hat immanente Anreizwirkungen. Und es geht nicht einfach um mehr oder weniger Anreize oder Sanktionen, sondern vor allem um richtige Anreize in dem Sinne, dass das Verhalten Einzelner so beeinflusst wird, das a) das Gemeinwohl steigt oder b) es zumindest nicht geschädigt wird. Und dabei muss man auch mehr oder weniger komplizierte Nebeneffekte antizipieren. Diese Denkfigur fehlt mir häufig in praktischer Politik. Entscheidungen kommen offenbar mitunter eher aus dem hohlen Bauch: Wir müssen etwas Gutes für die Umwelt, die Konsumenten oder Minderheiten tun. Ein weiteres schönes Beispiel ist Frauenförderung. Da könnte ich ihnen einige Förderprogramme nennen, die nach hinten losgehen. Beispielsweise schlecht dotierte Frauenförderstipendien, die dann dazu führen, dass die Jungs die guten Lehrstuhlstellen und prestigeträchtigen DFG-Stipendien haben und die Frauen sitzen auf den schlecht dotierten Frauenförderstipendien, die häufig auch noch als Makel im Lebenslauf gewertet werden, weil es zu einer besseren Stelle wohl nicht gereicht hat. Da ist immer die gleiche Handlungsmechanik dahinter: Gut gemeint, aber schlecht gemacht. Weil nicht antizipiert wurde, was für Handlungsfolgen diese neuen Anreize, die man da implementiert, zeitigen werden.

Lohr: Frau Wolff, ich glaube, wir sind schon auf dem richtigen Weg. Ich habe Anke Martinys Hinweis und Frage grundsätzlicher verstanden. Nämlich in die Richtung: Ist die Entwicklung einer Empfehlung beim Verhältnis zwischen Wirtschaft und Politik: eine Arbeitsteilung, so dass wir sozusagen dem Markt die erfolgreichen Teile überlassen – das, was im Markt sich auch erfolgreich regeln lässt –, aber viele Felder der Politik und gerade solche Felder, die von sozialer Relevanz sind, aus dem Marktgeschehen rausnehmen und der Politik überlassen; dann ist die Rollenverteilung ein bisschen bitter. Oder sehe ich das falsch, Herr Priddat?

Priddat: Das ist die einzige Lösung. Das ist klassisch. Warum soll jemand in etwas investieren, wo er sozusagen keinen Gewinn, kein Interesse und keinen Vorteil hat? Sie können das gar nicht verlangen. Das lässt sich auf freiwilliger Basis, als NGO oder als karitativer Verein machen. Das ist der klassische Stiftungszusammenhang, welcher notfalls aus Gewinnen kommen kann oder aus Spenden oder sonst woher. Also der Staat ist gewissermaßen in dem Sinne für das Allgemeine zuständig, nämlich auch für den Bereich, den der Markt jetzt nicht alimentiert, den der Markt nicht bedient und wo kein Einkommen vorhanden ist. Jetzt kommt der Punkt: Die klassische Idee der Wirtschaftspolitik ist, dass der Markt in der Lage ist, alle mit Einkommen über Beschäftigung zu versorgen. Aber der andere Bereich, nach der klassischen Smith'schen Idee ist: Der Markt ersetzt die Caritas. Dieser Bereich der Bedürftigen wird nicht berücksichtigt, also kranke Menschen, alte Menschen und Kinder. Der Kapitalismus (das Wort gibt es erst seit dem 19. Jahrhundert bzw. bei Adam Smith noch gar nicht) ist sozusagen die Lösung der sozialen Frage: nämlich der über Arbeit und Beschäftigung. Wenn das aber jetzt nicht der Fall ist, weil die Märkte sich anders bewegen (wir haben heute technischen Fortschritt in einem Maße, dass nicht jede Investition zusätzliche Beschäftigung erzeugt), dann müssen wir Auffangstationen haben und da sehe ich momentan nichts anderes als den Staat. Und das bedeutet, dass man eben Steuern und Umverteilung hat, also einen klassischen Wohlfahrtsstaat. Das ist ein Modell, welches in den Zwanziger- und Dreißigerjahren des vorigen Jahrhunderts entwickelt und dann in den Fünfzigerjahren noch mal neu belebt worden ist. Nach dem Modell wird teilweise völlig überzogen mehr ausgezahlt, als vielleicht an Ansprüchen nötig ist. Dafür haben wir ja Reformen gemacht. Hartz-IV ist schon eine Reform. Und da gibt es vielleicht noch mehr. Aber im Prinzip ist das eine Struktur, die man nicht wegfallen lassen kann. Also, wir sehen es ja im amerikanischen Bereich, wo es bestimmte Bereiche, z. B. Gesundheit oder Armut, gibt, in denen keine staatlichen Auffanginstitution existieren und dort sozusagen permanente Armutsgenerationen wachsen.

Lohr: Wenn Sie selbst schon diese Beispiele bringen, dann frage ich mich, sind es nicht lauter Beispiele, dass der Markt eben nicht funktioniert?

Priddat: Der Markt ist kein Allheilmittel. Also viele Dinge kriegen wir mit dem Markt nicht gelöst. Straßenbau oder Transport sind nicht automatisch Marktthemen.

Lohr: Oder Infrastruktur.

Martiny: Und wie wirkt Bestechung da mit rein?

Priddat: Nein, nicht Bestechung. Einzelne Unternehmer investieren nicht in eine Straße, die alle benutzen. Das ist das Thema. Deshalb hat man die öffentlichen Güter erfunden. Und der Staat ist sozusagen die Organisationsform dafür. Da bin ich jetzt ganz klassisch. Da würde ich jetzt sagen: Da muss man dann schauen, wer so was effizienter betreiben kann. Man kann ja auch ein öffentliches Gut im Staatsauftrag privat betreiben. Notfalls muss der Staat es zurücknehmen, also wenn das einseitig wird. Also da sehe ich jetzt keine neue Idee, also dass wir da das Soziale privatisieren.

Lohr: Anke Martiny.

Martiny: Die Marktgesetze haben aber dazu geführt, dass die Komplexe immer größer, immer undurchschaubarer und dadurch immer anfälliger für Missbrauch werden. Wer sich nicht kriminell gegen die Gesetze verhält und für die elektronischen Abrechnungssysteme keine Ausreißer produziert, der kommt meist ungeschoren davon. Es gibt Zahlen, dass manche Leute jetzt keine Drogen mehr schmuggeln, sondern sie betrügen das Krankenkassen- oder das Steuersystem, indem sie Belege oder Abrechnungen fälschen. Und es kommt ihnen eben keiner drauf. Ich sehe ein Problem darin, dass nicht mal als Denkfigur die Devise ›small is beautiful‹ in Ihren Gedanken vorkommt, die möglicherweise am Ende auch Staat macht. Wenn nämlich die Gruppen kleiner und damit das Verantwortungsbewusstsein derer, die in dieser Entität engagiert sind, größer ist und nicht alle rufen: Der Staat soll das machen, dann hat man am Ende einen besseren Staat, der sich gegen die Konzentrations- und Verantwortungslosigkeitstendenzen auf dem Markt zur Wehr setzen kann.

Priddat: Darf ich dann auch?

Lohr: Herr Großmann, Sie haben das Mikrofon schon.

Großmann: Ich würde da auch gerne, aber die Akademie hat immer Vorrang vor der Wirtschaft. *(Lachen im Publikum)*

Priddat: Ok, ganz kurz nur. Das Modell muss man prüfen. Das müssen kleine Gruppen sein, die sich selbst unterstützen. Da muss man aufpassen, denn das sind dann immer die Leistungsfähigen, die das schaffen und was machen die, die nicht leistungsfähig sind? Da muss immer noch einer sein, der ihnen die Hand reicht.

Martiny: Dann sind wir wieder in der Erziehung der siebziger Jahre!

Priddat: Maybe, maybe...

Großmann: Aber Frau Martiny: Im Moment sehen wir doch in der Wirtschaft, dass es in reifen Industrien, wo der Kostendruck und die internationale Konkurrenz größer werden, eine klare Konzentrationstendenz gibt. Man versucht dadurch die Kosten zu senken. Aber sie sehen auf der anderen Seite die Gründerszene, die der Staat überall fördert. Da wo die Wirtschaft angreift, wo die Pioniere nach vorne gehen, bevor der Tross ankommt. Da gibt es diese Vielfalt. Das Erstaunliche allerdings ist, dass die meisten dieser Unternehmensgründer, gar keine langfristige Perspektive haben, sondern sie hoffen, eine Unternehmensidee kurzfristig hochzubringen und diese dann eben an Facebook oder Google oder sonst jemand verkaufen zu können. Und da stellt sich eben die Frage: Wen sehen wir als Unternehmer, also in dem eigentlichen wirtschaftlichen Sinne? Also jemand, der eine Sache eine lange Zeit voranbringt und der damit vielleicht sogar, da sind wir wieder bei der Liebe, sein Geschäft liebt. Bei mir zur Georgsmarienhütte GmbH ist mal ein Investmentbanker gekommen und hat gesagt: Jürgen, das hast du super gemacht. Alles klasse. Aber never love your business, denn dann kannst du keine rationale Entscheidungen fällen. Denk mal daran, wann du verkaufen solltest. Da hab ich gesagt: Nein, genau das ist der Unterschied, I love my business und deshalb habe ich eine emotionale Bindung dazu. Das was Sie sagen, der Konzentrationsprozess bei vielen Start-Ups, der ist ja gewollt, weil die Leute damit Kasse machen wollen.

Martiny: Ich würde trotzdem noch mal gegenhalten, Herr Großmann. Nehmen Sie den Betreiber einer Altenheimkette in ganz Deutschland. Ist das ein Unternehmer? Ja. Er verspricht seinen Investoren bis zu sieben Prozent Kapitelrendite. Wie kann er die erwirtschaften? Indem er Hungerlöhne zahlt, an Leute, die aus Osteuropa reingeschleust werden, und indem er denjenigen, die in den Heimen wohnen, nicht das gibt, was ihnen zusteht. Nämlich keine vernünftigen Wohnmöglichkeiten und schlechtes Essen.

Großmann: Also zunächst ist das kein nachhaltiges Geschäftsmodell. Ich kann Ihnen sagen, wie er es machen kann: Indem er auf seine Dächer Photovoltaik-Anlagen macht, dann hat er 16 Prozent Rendite. Dann kommt er auf die sieben Prozent in dem Altenheim ganz gut. *(Lachen und Klatschen im Publikum)*

Lohr: Meine Damen und Herren. Unsere Diskussion hat angesichts des Themas »Verbotene Liebe« jetzt in der ersten Runde und nachdem zwei Drittel unserer Zeit verbraucht sind, einen für mich etwas überraschenden aber durchaus erkenntnisfördernden Verlauf genommen. Indem wir nämlich wenig von der verbotenen Liebe gesprochen haben, sondern mehr die Konkurrenz herausgearbeitet haben. Was ja, glaube ich, mit demokratischen Erfahrungen zu tun hat, also dass man dadurch aufmerksam geworden ist. Es ist ungefähr zehn Tage her, da konnten die Leserinnen und Leser von Zeitungen und Hörer von Radio-Nachrichten oder Fernseh-Nachrichten erfahren, dass eine Unternehmerfamilie in Deutschland, Familie Quandt, durch drei ihrer Repräsentanten eine erhebliche Summe an die CDU bezahlt hat. Es dauerte dann noch mal ein paar Tage, da erfuhr man, dass eine nicht ganz so erhebliche Summe (aber im Verhältnis zum Wahlergebnis doch ganz schön erhebliche) an eine Partei ehemaliger Bedeutung, an die FDP gegangen ist. Die werden es wahrscheinlich in ihren Sozialplan einstellen müssen. *(Lachen im Publikum)* Kurz und gut. Ist das ein Beispiel, was wir mit dem Thema »Verbotene Liebe« gemeint haben könnten? Da wird in den Prozess einer sich bildenden Regierung von einer Unternehmensfamilie eingegriffen (zu deren wesentlichen Unternehmungen zum Beispiel BMW gehört), die Interesse an vielen Fragen der industriellen Entwicklung, auch solche, die wir hier angesprochen haben, hat. Sie haben eben auch von Reifen gesprochen. Wir wissen, dass diese Frage der Energiewende auch bis zu den Elektroautos geht.

Großmann: Reif im Sinne von einer reifen Industrie. Nicht von der Reifenindustrie. Also nicht von Continental.

Lohr: Aber davon reden wir bei der Autoindustrie, was man früher, als ich noch Schüler war, eine Schlüsselindustrie genannt hat.

Großmann: Das ist ja auch eine reife Industrie. Deswegen ist ja VW so groß.

Lohr: Ja, eben. Also ist das ein Beispiel? Hätte Ihnen das als Ministerin missfallen, wenn Sie gehört hätten, dass so in den Prozess der politischen Entscheidungsfindung von Unternehmen eingegriffen worden wäre? Also, dass ein Unternehmen, jenseits vermeintlich aller anstehenden Entscheidungen, so Sympathie bekundet? Kritischen Beobachtern fällt durchaus auf, dass das auch der Pflege guter Beziehungen dienen könnte. Dieses in einem Maße, das ja demokratisch schwer nachvollziehbar ist. Zwar liegt es in der Freiheit einer vermögenden Familie, Geld zu verschenken, aber die Frage ist: Ist das im Rahmen der politischen Verantwortlichkeiten mindestens die Frage nach gutem Stil?

Wolff: Ich neige dazu, immer das Positive zu suchen, und was Positives gibt es auch bei dieser Geschichte, nämlich die Transparenz. Diese bedeutet schon einen riesengroßen Fortschritt. Es gab Zeiten, da wusste man überhaupt nicht, wo die Parteien welches Geld herkriegten oder wer da wen wie beeinflussen wollte. Deshalb ist die öffentliche Debatte gut: Sie ist ein Qualitätsmerkmal der Demokratie. Aber es gibt natürlich eine schiefe Ebene, auf der wir stehen, wenn es um Parteienfinanzierung aus nicht-staatlichen Quellen geht. Ich glaube, es ist ein Riesenfortschritt, dass solche Vorfälle sofort in den Medien, also in der Öffentlichkeit, diskutiert werden und sich jeder seinen Reim darauf machen kann. Wir sind dann genau im Tenor dessen, was Sie, Herr Priddat, heute Morgen gefordert haben: Dass wir als politisch mündige Bürger und Konsumenten uns mal überlegen sollten, was das für uns heißt. Wollen wir das? Wollen wir das fördern? Man kann ein anderes Auto als einen BMW kaufen, wenn einem solche Spenden nicht gefallen. Man kann auch eine andere Partei wählen. Man kann natürlich auch fordern, dass irgendetwas verboten wird. Nur das ist in etlichen Demokratien in allen Varianten vorwärts und rückwärts durchdekliniert worden, und es zeigte sich, dass solche Verbote nur begrenzt durchsetzbar sind. Das Geld sucht sich seine Kanäle, und die Parteien suchen sich ihre Spender. Dann finde ich es erheblich besser, dass Transparenz herrscht und jeder Bürger seine Schlussfolgerungen ziehen kann.

Lohr: Also jetzt möchte ich gleich mal von Frau Martiny wissen, ob dass ein Fortschritt ist, dass wir so etwas schnell und mit genauer Summe erfahren, weil das Parteiengesetz das inzwischen vorschreibt. Und dann soll noch mal Herr Großmann erzählen, weil er sagt, es gibt auch Parteien mit Begehrlichkeiten. Was er da für Erfahrungen gemacht hat.

Martiny: Es ist ein ganz wesentlicher Verdienst der Antikorruptionsbewegung, dass diese Transparenz hergestellt worden ist. Wir sind aber noch nicht am Ende der Fahnenstange angekommen. Solange es nach wie vor möglich ist, deutsche Abgeordnete zu bestechen, ohne dass das verfolgt wird, ist es eben ziemlich schlecht. Zudem hat der Bundesgerichtshof entschieden, dass die vermeintliche Unbestechlichkeit nicht nur für die Abgeordneten gilt, die auf der Bundes- und Landesebene tätig sind, sondern auch für Gemeinde-, Stadt- und Kreisräte. Dabei weiß jeder, dass das Mitglied eines Bauausschusses an der Korruption genau so nahe dran ist, wie das Mitglied der kommunalen Bauverwaltung. Im Bund ist das vielleicht nicht ganz so schlimm, und es lässt sich eher kontrollieren, wer Einfluss darauf nimmt, dass Bundesstraßen oder Bahnstrecken möglicherweise durch problematische Verträge eher den Interessen einzelner Menschen als der Allgemeinheit dienen. Also, da hat sich manches gebessert. Aber was beispielsweise noch überhaupt

nicht gut ist, ist, dass das Sponsoring bei Parteien nicht in Antikorruptionsregularien einbezogen ist. Und es ist auch nicht gut, dass die Nebenverdienste der Abgeordneten nicht transparent sind, sondern nur in Stufen angegeben werden müssen. Und dass man infolgedessen die Spitzenverdiener unter den Nebenverdienstabgeordneten immer noch nicht identifizieren kann. Ich hoffe, dass sich das in der kommenden Legislaturperiode endlich ändert. Denn Deutschland ist nach wie vor nicht Mitglied des UN-Abkommens gegen Korruption, weil wir diesen Korruptionsparagraphen für die Abgeordneten immer noch nicht geregelt haben. Das ist ein Armutszeugnis. Ich bin sehr gespannt, wie sich die CDU jetzt verhält. Es gab in der letzten Legislaturperiode Entwürfe von allen Parteien dazu. Sogar einen Entwurf des Parlamentspräsidenten Lammert und dann noch einen Entwurf von Siegfried Kauder, dem Bruder des CDU-Fraktionsvorsitzenden.
Aber wenn ich da wieder bei den Abgeordneten bin, möchte ich doch darauf hinweisen, dass moralisch fragwürdige Gepflogenheiten im Parlament auf uns alle zurückfallen. Denn müssten wir uns nicht angucken, was für Abgeordnete wählen wir eigentlich? Da hätten wir als Bürgerinnen und Bürger mehr Möglichkeiten, uns einzumischen, als wir es bisher tun. Wir hatten ja gerade Wahl. Und Sie im Publikum wissen sicherlich noch, wen Sie bei der Erststimme angekreuzt haben. Haben Sie verfolgt, ob der oder die gewählt worden ist und wer möglicherweise in ihrem Wahlkreis noch gewählt wurde? Kennen Sie ihre Abgeordneten auf Bundes- und Landesebene und sind die in Ordnung? Und kennen Sie vielleicht noch ein paar darüber hinaus? Wir haben 631 Abgeordnete. Wie viele von denen kennen Sie und wissen, was sie machen? Da sind wir als Staatsbürger doch aufgerufen, uns darum intensiver zu kümmern, ehe wir uns darüber beschweren, dass die Politik so schlecht ist, wie sie vielleicht manchmal ist.

Lohr: Herr Großmann, ich gehe davon aus, dass man bei Organisationen wie dem BDI sehr genau weiß, wer diese 631 Abgeordneten des neu gewählten Bundestages sind?

Großmann: Ich glaube, dass das der BDI genau so weiß, wie der DGB. Also da besteht kein Unterschied. Der BDI ist ein Verband der Verbände. Das heißt, da sind nicht einzelne Unternehmen Mitglied, sondern die Verbände, z.B. der Stahlverband, der Chemieverband, der Maschinenbauverband usw. Natürlich wissen die das. Und das ist auch richtig so. Aber ich wollte vielleicht noch mal ein kleines bisschen zu dieser…

Lohr: Sie müssen mir dann noch sagen, was Sie für Erfahrungen gemacht haben, wo die Politik…

Großmann: Da wollte ich ja jetzt drauf kommen.

Lohr: ... mit Liebesbezeugung auf die Wirtschaft zukommt.

Großmann: Sagen wir mal, der Liebeshunger in der Politik ist kurz vor Wahlen immer größer als zu anderen Zeiten. Von allen möglichen Leuten werden Sie angesprochen, Sie möchten doch bitte spenden und zwar von allen Parteien; zum Teil telefonisch oder brieflich, auf lokaler Ebene, auf Landesebene oder auf Bundesebene. Entschuldigung, ich nehme mal die Linke hier aus, die hat mich noch nicht angesprochen. *(Lachen im Publikum)* Also auch die Grünen sprechen mich an. Und auch die Grünen werden vom Solarindustrieverband gefördert. Es wird dann nur der Quandt-Fall hochgespielt. Und es ist auch richtig, dass es eine Grauzone gibt. Wenn irgendwo ein Parteitag ist, dann werden Sie angesprochen: Ja, wollen Sie denn nicht im Vorraum einen Stand errichten und ein paar Würstchen anbieten? Das kostet dann so fünfzehntausend Euro. Naja, ich brauche das nicht weiterzuführen. An allem Unsinn der geschieht, sind nicht nur die Schuld, die ihn begehren, sondern auch die, die ihn nicht verhindern. Und ich meine: Irgendjemand nimmt die Spenden ja auch an? Ich halte die Parteien in Teilen für überfinanziert bei uns, weil sie Dinge tun, die sie nicht unbedingt tun müssen.

Lohr: Zum Beispiel?

Großmann: Ja, gucken Sie sich die Finanzierung des Wahlkampfes an. Glauben Sie, dass wirklich die Anzahl der Plakate am Ende für die Wahl entscheidend ist? Das ist ein ganz banales Beispiel. Aber Sie können ja auch mal sehen, wie sich die Parteien über ihre Bildungswerke, über ihre Stiftungen, über andere Dinge in Dinge einmischen. Da gibt es die Ebert-Stiftung, die Adenauer-Stiftung und die Naumann-Stiftung. Die haben alle Begabtenförderung, genau so wie die Kirchen auch. Könnte man doch alles zusammen in die Studienstiftung des deutschen Volkes tun. Nur mal als Beispiel.

Lohr: Ja, Ok.

Großmann: Also, das will natürlich auch alles finanziert sein. Und insofern ist es sehr einfach, Frau Martiny, wenn Sie jetzt einfach den Finger zeigen. Ich bin ja hier sehr bei Ihnen, Frau Wolff, dass man, entschuldigen Sie, ich lasse jetzt die akademischen Titel einfach mal weg, dass man das eben öffentlich machen und an gewisse Regeln binden sollte. Aber ich finde diesen Zungenschlag der Korruption völlig falsch dabei. Ich glaube, keine der deutschen Parteien ist korrupt und die Wirtschaft ...

Martiny: Herr Kohl ist doch mal zurückgetreten aus irgend so einem Grund, oder?

Großmann: Ach wissen Sie. Ich weiß nicht, wie viele Politiker es in Deutschland gibt. 60000 oder noch mehr? Und bei 60000 haben Sie irgendwo kriminelle Energie. Und es gibt fünfzehn Millionen GmbHs und Unternehmen irgendwelcher Art in Deutschland. Und da haben Sie auch irgendwo mal kriminelle Energie. Wenn wir Regeln haben, dann müsste man doch voraussetzen, dass die Leute sich an die Regeln halten. Und Sie müssen natürlich die Einhaltung der Regeln auch überwachen. Da sind wir völlig auf einer Seite. Das darf nicht unter den Teppich gekehrt werden.

Martiny: Aber Herr Kohl hat sich nicht daran gehalten. Da gab es nach dem ersten Parteispendenskandal in den achtziger Jahren die Gesetze gegen Korruption nämlich schon und mehrere führende Politiker wurden rechtskräftig verurteilt.

Großmann: Ja, da bin ich jetzt weder Strafverteidiger von Herrn Kohl, noch bin ich Mitglied der CDU.

Lohr: Sie sollten sich nicht unmittelbar angesprochen fühlen. Der erwähnte Politiker ist ja nicht irgendeiner. Und er birgt ein paar Geheimnisse, die er offenbar mit ins Grab nehmen will. Meine Damen und Herren, ich mache noch mal den Vorschlag, dass wir vielleicht produktiv versuchen, das unvermeidlich notwendige Beziehungsgeflecht zwischen Wirtschaft und Politik zu besprechen. Hier zeigt sich allerdings auch, dass dies zwei Megabegriffe sind, die man genauer erläutern müsste, als wir es hier tun können. Was ich aber die Runde fragen wollte, ist Folgendes: Wir machen mindestens im deutschen und europäischen Raum die Erfahrung, dass das ein im Prinzip geregeltes und erfolgreiches System des Zusammenspiels wirtschaftlicher Unternehmungen durch Rahmenbedingungen ist, die durch die Politik gesetzt werden. Allerdings mit einem großen Störpotential oder Aufregungspotential. Gerade in diesem Feld von Wirtschaft und Politik gibt es sehr viele Themen, von denen die Medien jeden Tag profitieren. Jenseits dessen noch mal: Wo ist ein Erneuerungs- und Optimierungsbedarf und eine praktische Möglichkeit oder wo sind Beispiele des Gelingens zu erkennen? Herr Priddat?

Priddat: Also wenn ich mich erinnere, haben wir es in der Umweltpolitik eigentlich ganz gut hingekriegt. Natürlich gibt es immer Ausrutscher, dass zu viel Kostenbelastung für die Wirtschaft oder auch für die Konsumenten entsteht. Also letztendlich in den Preisen. Wenn diese weitergegeben werden, ist der Konsument ja auch betroffen. Ich glaube auch, dass wir über eine lange Strecke (das läuft ja über zwanzig Jahre) relativ vernünftige Regelungen und Kontrollen und Einsicht in Änderungen geschafft haben. Als ich als Kind durch das Ruhrgebiet gefahren bin, war ja sozusagen der Himmel nur halb transparent! Seit den Siebzigerjahren ist es fast wie im Schwarzwald. Das muss man deutlich so sagen. Das ist nun eine ungeheuer geklärte Luftlandschaft mit neu aufblühenden Büschen, Bäumen und Parks, die man überall dahin gebaut hat. Das ist der sichtbare Teil. Der unsichtbare Teil ist, dass wir eine strenge Regeldichte haben. Deutscher Umweltschutz ist eben deutscher Umweltschutz. Es ist also viel geregelt. Da hat man einigermaßen was hingekriegt. Das was als nächstes kommt, das kann ich nicht einschätzen. Andere Bereiche fallen mir jetzt so spontan nicht ein. Eventuell noch der Bergbau, also wie der langsam runtergefahren wurde, wobei vielleicht noch zu viel übrig gelassen wurde. Da ist was gelungen. Um mal jetzt positive Dinge zu nennen.

Lohr: Frau Wolff, Sie haben uns ja in ihrem Vortrag heute Morgen ein Beispiel für Wirtschaftsfördermaßnahmen genannt, das ein wesentliches politisches Instrument in ihrem Amt war. Dann haben Sie in der dritten Kategorie von Qualitätsmerkmalen gesprochen und vor allen Dingen von Innovationspotential. Also soweit man das dann erkennen kann: Gibt es da Beispiele, an die Sie sich gerne erinnern, wo wirklich etwas neu definiert worden ist? Wo eine Dimension wirtschaftlicher Verantwortung oder eine Koalition mit politischer Förderung eingegangen wurde, wo Sie sagen: Das ist so ein positives Beispiel?

Wolff: Ja, ich glaube, das, was wir da in der Innovationspolitik in Sachsen-Anhalt in den letzten zwei Jahren versucht haben, war in gewisser Weise sehr erfolgreich. Und zwar im ersten Schritt, zunächst mal im Sinne von wechselseitigem Lernen, sich Kennenlernen und Bewusstseinsbildung. Die meisten Unternehmer in Sachsen-Anhalt, über 99 Prozent, sind kleine und mittlere Unternehmen, und die waren häufig der Auffassung: Was habe ich mit einer Hochschule zu tun? Brauche ich gar nicht. Ich brauche gute Hauptschüler (bei uns heißen die Sekundarschüler), gute Lehrlinge, aber mit Hochschulen haben wir nichts zu tun. Es gibt jedoch zunehmend Unternehmer in erfreulichen Wachstumsprozessen. Die merken an einem bestimmten Punkt, dass sie irgendwann einen Ingenieur brauchen oder ihren Personalbereich professionalisieren müssen. Besonders wenn der Arbeitsmarkt sich dreht und man dann auf einmal keine guten Lehrlinge mehr kriegt. Auch Bereiche wie Marketing oder internationale Geschäftsbeziehungen müssen irgendwann professionalisiert werden, und auf einmal gibt es ein Interesse an Hochschulabsolventen. Und dann stehen ganze Gruppen von Unternehmen auf einmal vor dem Phänomen, dass sie keine Hochschulabsolventen kriegen, weil die nämlich alle hochprofessionell von – meist westdeutschen – Großunternehmen wegrekrutiert werden. Hochschulseitig hatten wir zugleich in Sachsen-Anhalt lange ein Szenario mit einem hohen Anteil von »Di-Mi-Do-Professoren«, die nicht im Land verwurzelt waren. Sie haben durchaus Wirtschaftskontakte und suchen diese auch proaktiv – nur nicht in der Region. VW, beispielsweise, ist nicht nur ein Riesenkunde für Engineering-Fakultäten, sondern auch für etliche andere. Die kleinen Mittelständler dagegen sind überhaupt nicht im Visier, weder von Studierenden (von denen ja inzwischen auch ungefähr die Hälfte aus den alten Bundesländern kommt), noch im Visier von Professoren. Und da ging es einfach darum, eine Wahrnehmung dafür zu schaffen, dass eben auch ein wachsender Kleinstbetrieb bei einer Hochschule anklopfen kann und umgekehrt die Hochschulen auch etwas davon haben, wenn sie mit den regionalen Unternehmen zusammenarbeiten und sich weiter für Unternehmen und für Non-Profit-Einrichtungen öffnen. Dafür, dass das zunehmend gut klappt, nachdem wir da instrumentell etwas nachgeholfen haben, habe ich ganz konkrete Beispiele. Etwa den sogenannten »Transfergutschein«. Für den bin ich am Anfang belächelt worden. Er ist 400 Euro wert. Wir haben die Gutscheine nach Absolventenzahlen geschlüsselt allen Universitäten, Fachhochschulen und der Kunsthochschule gegeben und gesagt: Für jedes Projekt, das ihr mit der Praxis macht und sei es noch so trivial, kriegt ihr 400 Euro. Hört sich nach nicht viel an. Aber genau die Professoren, die immer knapp an frei verfügbaren Drittmitteln waren, also auch die Geistes- und Sozialwissenschaftler und die Wirtschaftswissenschaftler, haben angefangen, Projekte mit Unternehmern und öffentlichen Einrichtungen durchzuführen. Die Praxispartner machen dann eher mit, weil sie denken: kostet ja nichts und ist ja auch interessant. Und solche kleinen Projekte können sich entwickeln. Plötzlich haben die Praxispartner einen Praktikanten. Dann stellen sie ihn womöglich ein oder machen eine Bachelor- oder Masterarbeit zusammen. Und so entwickelt sich immer mehr. Die Personen und die Einrichtungen fangen an, sich kennenzulernen. Ich habe dieses Konzept im Unterschied zur Förderung von Großforschungseinrichtungen »Innovation von unten« genannt. Auch dafür bin ich am Anfang belächelt worden. Aber dann hab ich gemerkt, dass nicht nur andere Bundesländer sich für solche Ideen interessieren, sondern auch Brüssel, weil andere Staaten genau dieselben Innovationsprobleme haben. Ich glaube schon, dass man durch den zwanglosen Zwang des besseren Arguments und die Bereitschaft, sich einander nicht nur etwas zu erzählen, sondern auch zuzuhören, unendlich viel erreichen kann.

Lohr: Herr Großmann. Weil wir von verbotener Liebe sprechen: Wir sind auf der Suche nach Beispielen des Gelingens eines gegenseitigen fruchtbaren Prozesses, der dann zu gemeinsam besseren Ergebnissen geführt hat. Also nicht fruchtbare Liebe, sondern wo ist das Verhältnis von Wirtschaft und Politik mal so richtig schön sexy?

Großmann: Ich bin der Meinung: Liebe ist ja nicht der Zustand ewiger Harmonie. Also ich bin der Meinung, dass meine Frau und ich uns lieben, aber dass wir uns trotzdem fetzen wie sonst was. Da gibt es Meinungsunterschiede und man streitet sich auch nur mit jemandem, den man respektiert. Ich glaube, dass die Bundesrepublik insgesamt das Beispiel dieser gelungenen Liebe ist. Natürlich gibt es Richtungskämpfe. Natürlich, Frau Martiny, jede neue Regierung dröselt manche Pakete, die die vorherigen Regierungen gemacht haben, wieder auf. Frau Merkel hat in der großen Koalition einen Teil von Hartz-IV wieder aufgedröselt und das geht jetzt weiter. Deswegen kann man nicht sagen, vorher hatten wir eine Regelung und jetzt ist es schlecht. Das hatten Sie ja vorher irgendwie mal gesagt. Ich glaube, wir haben ein System, das die Transparenz erhöht. Da bin ich übrigens auch der Meinung, dass die Geschwindigkeit noch erhöht werden könnte, indem die Transparenz erhöht wird. Und ich glaube auch, dass unser System gar nicht so schlecht ist und wir nicht nur auf uns zeigen und sagen sollten, wie entsetzlich das alles ist. Ich glaube, dass Deutschland auf dem Korruptionsindex nicht an erster Stelle auf der Welt, was ich bedauere, aber doch in der Spitzengruppe steht. Sie haben eins erwähnt: Dass eben Strafbarkeit für Politiker seinerzeit nicht gemacht worden ist, aber seit 2001 sind die nützlichen Abgaben weg.

Martiny: Seit 1999.

Großmann: Ich glaube, 2001 ist das Gesetz umgesetzt worden.

Lohr: Es ist umgesetzt. Das ist das Entscheidende.

Großmann: Ok, dann bitte ich bei meinen zwei Jahren falsche Erinnerung um Entschuldigung. Das heißt jetzt nicht, dass ich zwischen 1999 und 2001 irgendjemand geschmiert habe. *(Lachen im Publikum)*

Martiny: Ja, Siemens hat es noch ein wenig länger gemacht.

Großmann: Ich glaube, wir sind auf einem ganz guten Weg. Wir sollten uns nicht schlechter machen, als wir sind. Ich glaube, dass im Moment das Pendel fast zu weit auf eine Seite schwingt und dies nicht intendiert ist. Wenn ein Politiker Angst hat, mit irgendjemandem Essen zu gehen, um sich mit ihm in aller Ruhe über Hintergründe zu unterhalten, weil er sagt: Oh Gott, wer bezahlt denn jetzt die Bratwurst? Das geht zu weit. Es darf keine Berührungsängste geben. Man muss gerne miteinander sprechen, weil man möglicherweise langfristig auch dieselben Interessen hat. Und weil dann vielleicht etwas Emotionales reinschwingt, nämlich dass man gerne in diesem Land lebt und auch für dieses Land lebt. Also insofern sehe ich das nicht so kritisch.

Lohr: Frau Martiny?

Martiny: Mit den Essenseinladungen würde ich mich auch nicht aufhalten, wenn sie nicht so einseitig verliefen. Grundsätzlich kritisch sehe ich den Prozess einer zunehmenden Entdemokratisierung der Politik, weil die Zahl der Menschen, die sich für die Republik aktiv einsetzen, eher kleiner als größer wird. Funktionäre und Lobbyisten nehmen zu, die Mitgliedschaft in Parteien, Gewerkschaften, Kirchen nimmt ab und ebenso die Wahlbeteiligung auf der Kommunal- und Landesebene. Selbst auf der Bundesebene lässt das Engagement eigentlich sehr zu wünschen übrig. Und das liegt zum Teil natürlich daran, dass man als Wählerin und Wähler das erlebt, was wir auch jetzt gerade erleben. Wir haben gewählt und haben uns etwas dabei gedacht. Aber was jetzt tatsächlich passiert, ist möglicherweise etwas ganz anderes als das, was wir mit unserer Stimme erreichen wollten. Darauf haben wir aber überhaupt keinen Einfluss mehr. Vielleicht höchstens, indem wir versuchen, über informelle Netze einen bestimmten politischen Druck auszuüben. Da gibt es jetzt bei den sozialen Bewegungen und unterstützt durch die Computerisierung Einflussmöglichkeiten, mit denen man Druck ausüben kann.

Aber dieser Druck des Einzelnen ist natürlich, auch wenn er sich mit anderen zusammenschließt, immer schwächer als der Druck der Lobbyisten. Herr Großmann, da würde ich Ihnen eben doch widersprechen. Ich finde es bedenklich, was sich beispielsweise bei den AOKs, den Ärzteverbänden oder bei der IHK abspielt. Dies sind alles öffentlich-rechtliche Körperschaften, die zum Teil hoheitliche Aufgaben an Staates Stelle wahrnehmen, die sich aber im Laufe der Zeit bei wachsendem Wohlstand in der Republik zu einflussreichen Lobbygruppen in ihrem jeweiligen Feld entwickelt haben. Die jeweiligen Präsidien bedienen sich aus dem Geld der Zwangsmitglieder mit üppigen Monatsgehältern, die zum Teil höher sind als das Gehalt der Bundeskanzlerin. Das ist schlecht, und man müsste dagegen vorgehen. Und das geschieht zu wenig. Das ist die eine Seite, wo ich unzufrieden bin: Entdemokratisierung unseres Staates.

Die zweite Seite ist, dass Transparenzgebote eben nicht flächendeckend gelten. Man kann die Menschen natürlich mit Informationen auch zuschütten, aber das, was sie wissen sollten, um bewusste Entscheidungen treffen zu können, erfahren sie trotzdem nicht. Es gibt nicht in allen Bundesländern Informationsfreiheitsgesetze, die es dem einzelnen ermöglichen, sich durch Nachfragen beim Informationsfreiheitsbeauftragten Kenntnisse zu verschaffen. Diese Gesetze sind in den einzelnen Bundesländern und auch im Bund nach wie vor lückenhaft und werden mit dem Hinweis auf Betriebs- und Geschäftsgeheimnisse oft restriktiv gehandhabt. Viele Informationen kriegt man nicht. Da müsste man dann klagen, und dafür ist ein Einzelner wiederum zu schwach. Da müssen wir in Deutschland weiterkommen. Schließlich müssen wir wirklich dem Bewusstsein entgegen wirken, Staat und Wirtschaft sei »alles eins«. Gegenüber dem Staat haben wir Bürgerinnen und Bürger nach wie vor oft eine ziemlich autoritäre Prägung, sind oft immer noch mehr Untertanen als selbstbewusste Staatsbürger – jedenfalls wir Älteren. Das, was wir eigentlich könnten, aktiv in der Bürgergesellschaft etwas Eigenes aufbauen, nehmen auch die Jungen nicht in dem Maße in Anspruch, wie sie könnten. Wir denken zu oft, dass der Staat es schon richten wird. Da sind andere europäische Länder viel besser. Beispielsweise die skandinavischen, die in allen Bereichen der Daseinsvorsorge, von der Bildung bis zur Gesundheits- und Altersversorgung besser sind als wir. Und sie sind nicht reichere, sondern selbstbewusstere Bürger.

Lohr: Meine Damen und Herren, das waren…

Großmann: Ich möchte noch mal eine kurze Sache dazu sagen. Also wenn Sie in ihrem Statement als erstes die Politikverdrossenheit angesprochen haben, dann können Sie das sicherlich nicht der Wirtschaft anlasten.

Martiny: Habe ich auch nicht gemacht.

Großmann: Also der erste Punkt ging ja darum. Das ist eine Sache, wo wir uns alle kümmern sollten. Und gerade wenn Sie sich mal mit der Informationspolitik von Unternehmen beschäftigen, dann sind die vor den Wahlen immer daran interessiert, ihre Leute zur Wahl aufzurufen. Und das völlig ohne Empfehlung, in welche Richtung man wählt.

Martiny: Das hat sich ja sogar bei der katholischen Kirche geändert inzwischen.

Großmann: Na gut, okay. Aber wir sollten dann auch mal überlegen, wo wir die Demokratie ansiedeln. Wenn Sie allein die Wahlbeteiligung als ein Maß der Partizipation definieren, dann wäre der Bund demokratischer. Denn Sie haben ja Partizipation mit Demokratie gleichgesetzt.

Wir haben immer höhere Wahlbeteiligung bei der Bundestagswahl, als in den Kommunalwahlen. Aber das absolut Undemokratischste wäre dann die EU. Da kriegen wir ja jetzt wahrscheinlich im nächsten Jahr eine grottenschlechte Beteiligung. Ich bin da völlig mit ihnen einig: Wenn eine Wahlbeteiligung weit unter 30 Prozent sinkt, dann haben wir am Ende keine demokratische Legitimierung der Gewählten mehr. Weil eben die Leute sagen, es sei ihnen letzten Endes egal. Wenn Sie übrigens diesen Vorwurf einem Politiker machen, dann wird er sagen: Guck mal, die Leute sind so zufrieden mit uns, die denken, sie bräuchten gar nicht mehr zur Wahl zu gehen.

Lohr: Das wäre natürlich keine gute Antwort. Und schon gar nicht im Sinne von Hannah Arendt. Meine Damen und Herren. Es sind die 16. Hannah-Arendt-Tage, die jetzt gleich zu Ende gehen. Hannah Arendt hat sich zum Thema Wirtschaft und Politik nicht explizit geäußert. Ich habe bei Ihnen, Frau Wolff, heute Morgen gemerkt, dass Sie, ähnlich wie ich, in den letzten Tagen auf der Suche nach einem schönen Abschlusszitat waren. Auf dieser Suche war ich für diese Diskussion auch. Es gibt ein paar Aufsätze von Hannah Arendt, in denen sie sozusagen theoretisch über Locke und Marx und dergleichen redet. Aber nicht explizit in der Weise, in der wir es hier getan haben, sowohl in den Vorträgen heute Vormittag als auch in diesem Gespräch heute Nachmittag. Aber, und da gibt es eine Brücke, die Hannah Arendt schlagen könnte, zwischen Anke Martiny und Jürgen Großmann: Sie hatte ein emphatisches Verhältnis zu einer verantwortungsgebundenen Freiheit. Und dieses in einem politischen Kontext. Eine Sensibilisierung der politischen Möglichkeiten zu pflegen, die wir, Sie haben darauf hingewiesen, als Einzelne möglicherweise zu wenig in Anspruch nehmen. Dieses ist eines der Motive, Jahr für Jahr im Rathaus von Hannover die Hannah-Arendt-Tage zu veranstalten. Ich bedanke mich für Ihre Aufmerksamkeit. Ich bedanke mich beim Podium für die Offenherzigkeit und Entschiedenheit Ihrer Antworten. Ich wünsche ein schönes Wochenende. Wir sehen uns wieder im nächsten Jahr. Vielen Dank.

Die Autorinnen und Autoren

Sabine Berghahn, Dr. iur., Jahrgang 1952, promovierte Juristin, habilitierte Politikwissenschaftlerin, derzeit freiberuflich tätig, zuvor langjährige Beschäftigung in Forschung und Lehre, zuletzt als Wissenschaftliche Mitarbeiterin am Harriet-Taylor-Mill-Institut für Ökonomie und Geschlechterforschung der Hochschule für Wirtschaft und Recht (HWR) Berlin sowie als Vertretungsprofessorin an der Westfälischen Wilhelms-Universität in Münster und als Gastprofessorin an der HWR Berlin, davor lange am Otto-Suhr-Institut für Politikwissenschaft der FU Berlin, dort bis heute Privatdozentin. Jüngere Veröffentlichungen: (Hg. mit Maria Wersig): *Gesicherte Existenz? Gleichberechtigung und männliches Ernährermodell in Deutschland,* Baden-Baden 2013: Nomos; »Legal regulations: responses to the Muslim headscarf in Europe«, in: Sieglinde Rosenberger/Birgit Sauer (Hg.): *Politics, Religion and Gender. Framing and regulating the veil,* London 2011: Routledge, S. 97-115; (Hg. mit Petra Rostock): *Der Stoff, aus dem Konflikte sind. Debatten um das Kopftuch in Deutschland, Österreich und der Schweiz,* Bielefeld 2009: transcript. Seit 2007 Mitherausgeberin (mit Ulrike Schultz) des *Rechtshandbuchs für Frauen- und Gleichstellungsbeauftragte,* Hamburg: Dashöfer Verlag.

Bernhard Emunds studierte Katholische Theologie, Geschichte und Volkswirtschaftslehre in Bonn, Paris, Frankfurt am Main und Münster/Westfalen. Er promovierte in Volkswirtschaftslehre über die Finanzkrisentheorie von Hyman P. Minsky und habilitierte sich mit einer Arbeit über die Ethik der Finanzmärkte. 2006 wurde er Professor für Christliche Gesellschaftsethik und Sozialphilosophie an der Philosophisch-Theologischen Hochschule Sankt Georgen in Frankfurt am Main und Leiter des Nell-Breuning-Instituts für Wirtschafts- und Gesellschaftsethik.

Jürgen Großmann studierte von 1970 bis 1977 Eisenhüttenwesen an der Technischen Universität Clausthal, Wirtschaftswissenschaften an der Georg-August-Universität Göttingen und an der Albert-Ludwigs-Universität Freiburg sowie Betriebswirtschaftslehre an der Purdue University in West Lafayette (Indiana, USA). Er schrieb seine Diplomarbeit in Brasilien und seine Doktorarbeit an der TU Berlin. Er war und ist Mitglied in zahlreichen Aufsichtsräten. 1993 übernahm er die marode Georgsmarienhütte GmbH (ehemals Klöckner Edelstahl). 1997 wurde er Alleingesellschafter und Geschäftsführer der Georgsmarienhütte Holding, zu der mittlerweile 52 Unternehmen gehören. Von 2007 bis 2012 war er Vorstandsvorsitzender der RWE AG.

Detlef Horster war mit Unterbrechungen durch Gastprofessuren u.a. in der Schweiz und in Südafrika von 1984 bis 2007 Professor für Sozialphilosophie an der Leibniz Universität Hannover. Jüngste Buchpublikation: *Ethik,* Stuttgart 2009: Reclam; *Texte zur Ethik*, Stuttgart 2012: Reclam; *Ethik der Behindertenpädagogik*, Stuttgart 2012: Kohlhammer; Angewandte Ethik, Stuttgart 2013: Reclam; *Rechtsphilosophie,* Stuttgart 2014: Reclam.

Stephan Lohr, geb. 1950, Studium der Germanistik, Politikwissenschaften und Soziologie an der Leibniz Universität Hannover. Erstes und zweites Staatsexamen für das höhere Lehramt. 1977 bis 1988 Redakteur im Friedrich Verlag, seit 1988 Redakteur beim Norddeutschen Rundfunk. Seit 2008 Leitung der Literaturredaktion bei NDR Kultur.

Fransziska Martinsen studierte Philosophie, Politik- und Musikwissenschaft an der Humboldt-Universität zu Berlin und der Freien Universität Berlin. Sie promovierte an der Universität Basel mit einer Arbeit über globale Gerechtigkeit. Von 2003-2007 war sie Assistentin am Philosophischen Seminar der Universität Basel und von 2004-2005 außerdem Research Assistant an der Universität Fribourg. Im Frühjahr 2006 Forschungsaufenthalt am Institute for Advanced Study (School of Social Science und Politics-Department) der Princeton University, Princeton/N.J. (USA). Seit April 2007 ist sie wissenschaftliche Mitarbeiterin am Arbeitsbereich Politische Theorie und Ideengeschichte am Institut für Politische Wissenschaft der Leibniz Universität Hannover. Buchpublikationen: *Verteilung über Grenzen? Gerechtigkeit und Kosmopolitismus,* Frankfurt/M. 2010: Peter Lang; (mit Tanja Hitzel-Cassagnes): *Recht auf Wiedergutmachung: Geschlechtergerechtigkeit und die Bewältigung historischen Unrechts*, Opladen 2013: Budrich; (Hg. mit Oliver Flügel-Martinsen): *Gewaltbefragungen. Beiträge zur Politischen Philosophie der Gewalt*, Bielefeld 2013: transcript.

Anke Martiny studierte Musikwissenschaft, Germanistik, Theaterwissenschaft und Soziologie in Berlin, Wien und Göttingen. 1965 Promotion mit einer Dissertation über die Oratorien von Josef Haydn. 1972 wurde sie erstmals in den Deutschen Bundestag gewählt, dem sie bis 1989 angehörte. Von 1975 bis 1977 und von 1985 bis 1991 war sie Mitglied des SPD-Parteivorstandes, von 1975 bis 1991 Mitglied im Vorstand des SPD-Landesverbandes Bayern, ab 1985 stellvertretende Landesvorsitzende der bayerischen SPD. Von 1989 bis 1991 war sie Senatorin für Kulturelle Angelegenheiten des Landes Berlin. Von 1998 bis 2011 war sie Kuratoriumsmitglied der Hannah-Arendt-Tage in Hannover.

Armin Nassehi hat Soziologie, Philosophie, Erziehungswissenschaften und Psychologie in Münster und Hagen studiert. Er wurde 1992 mit einer Arbeit über »Die Zeit der Gesellschaft« promoviert und habilitierte sich 1994 in Münster mit einer empirischen Arbeit über ehemalige Insassen von sowjetischen Zwangsarbeitslagern. Nach Lehrstuhlvertretungen ist er seit 1998 Inhaber eines Lehrstuhls für Soziologie an der Ludwig-Maximilians-Universität München. Seit 2001 ist er als Berater für Unternehmen, Verbände und Ministerien tätig; seit 2012 ist er neuer Herausgeber der Zeitschrift »Kursbuch«; ebenfalls seit 2012 Vorstandsmitglied des Forschungsinstituts für Philosophie Hannover.

Birger P. Priddat, Dr. rer. pol., seit 1991 Professor auf dem Lehrstuhl für Volkswirtschaft und Philosophie (früher: Politische Ökonomie) an der Universität Witten/Herdecke; zwischenzeitlich 2004-2007 Lehrstuhl an der Zeppelin University in Friedrichshafen; 2007-2009 Präsident der Universität Witten/Herdecke. Ausgewählte Veröffentlichungen: *Hegel als Ökonom*, Berlin 1990: Duncker & Humblot; *Die andere Ökonomie. Schmoller,* Marburg 1995: Metropolis; (Hg. mit P. Koslowski): *Moralischer Konsum,* München 1998: Fink; *Unvollendete Akteure. Komplexität der Ökonomie,* Marburg 2005: Metropolis; *Irritierte Ordnung: Moderne Politik,* Marburg 2006: Metropolis; *Gemeinwohlmodernisierung,* Marburg 2006: Metropolis; *Wirtschaft durch Kultur,* Marburg 2008: Metropolis; *Politik unter Einfluß,* Wiesbaden 2009: VS; *Akteure, Verträge, Netzwerke. Der kooperative Modus der Ökonomie,* Marburg 2012: Metropolis; (Hg. mit K.A. West): *Die Modernität der Industrie,* Marburg 2012: Metropolis; (Hg. mit D. Baecker): *Ökonomie der Werte,* Marburg 2013: Metropolis.

Birgitta Wolff unterrichtete nach ihrer Habilitation in München von 1999 bis 2000 an der School of Foreign Service der Georgetown University in Washington, D.C. 2000 übernahm sie den Lehrstuhl für Betriebswirtschaftslehre und Internationales Management an der Otto-von-Guericke-Universität in Magdeburg. 2010 wurde sie Kultusministerin des Landes Sachsen-Anhalt. Von 2011 bis 2013 war sie Landesministerin für Wissenschaft und Wirtschaft. Jüngste Buchpublikationen: (Hg. mit Ruth Stock-Homburg): *Handbuch Strategisches Personalmanagement*, Wiesbaden 2011: Gabler; (Mitherausgeberin): *Das ethische Programm der Marktwirtschaft,* Magdeburg 2008: Norbertus.